总主编：孙有中
顾　问：胡文仲　文秋芳

英语教育与思辨能力培养论丛

英语口语教学与思辨能力培养研究

龚　雁　主编

外语教学与研究出版社
FOREIGN LANGUAGE TEACHING AND RESEARCH PRESS

北京
BEIJING

图书在版编目（CIP）数据

英语口语教学与思辨能力培养研究 ／ 龚雁主编. — 北京 ：外语教学与研究
出版社，2012.10（2022.5 重印）
（英语教育与思辨能力培养论丛 ／ 孙有中主编）
ISBN 978-7-5135-2495-7

Ⅰ. ①英… Ⅱ. ①龚… Ⅲ. ①英语－口语－教学研究 Ⅳ. ①H319.9

中国版本图书馆 CIP 数据核字 (2012) 第 255815 号

出 版 人 王 芳
责任编辑 赵东岳
封面设计 覃一彪
出版发行 外语教学与研究出版社
社 址 北京市西三环北路 19 号（100089）
网 址 http://www.fltrp.com
印 刷 北京九州迅驰传媒文化有限公司
开 本 787×1092 1/16
印 张 10
版 次 2012 年 11 月第 1 版 2022 年 5 月第 10 次印刷
书 号 ISBN 978-7-5135-2495-7
定 价 43.90 元

购书咨询：(010) 88819926 电子邮箱：club@fltrp.com
外研书店：https://waiyants.tmall.com
凡印刷、装订质量问题，请联系我社印制部
联系电话：(010) 61207896 电子邮箱：zhijian@fltrp.com
凡侵权、盗版书籍线索，请联系我社法律事务部
举报电话：(010) 88817519 电子邮箱：banquan@fltrp.com
物料号：224950001

记载人类文明
沟通世界文化
www.fltrp.com

总　序

摆在读者面前的这套丛书的主题是"英语教育与思辨能力培养"。为什么要把英语教育与思辨能力培养相提并论呢？

原因很简单，迄今为止，中国高校英语专业的英语教育与思辨能力培养相去甚远。

英语专业的教学往往专注于语言技能的打磨，不重视学科训练和人文通识教育，因而大量的教学活动都是在机械模仿和低级思维层面展开。英语专业的培养模式往往把语言习得和知识探究割裂开来甚至对立起来，因而常常忽略了在四年本科教育过程中帮助学生通过语言获取知识，并在获取知识的过程中夯实语言功底，提高思辨能力。其结果，英语专业学生比较普遍地患有"思辨缺席症"。

我们坚信，在中国高校的人才培养平台上，英语教育应该而且能够和其他兄弟学科一样，不仅给学生搭建本学科特有的知识结构，而且赋予他们在知识爆炸和全球化时代获取信息、探索真理、创造美好生活的思辨能力。

我们还坚信，思辨能力有客观的衡量标准，可以通过对教学理念、课程设置、教学内容、教学方法、评测机制和教材编写的系统改革，得到有效提升。

我们热忱期待与英语界广大同仁一道，开辟中国英语教育的新天地。

孙有中

2011 年 4 月 5 日于北外

目　录

口语教学与思维能力的培养[1]

文秋芳

北京外国语大学中国外语教育研究中心

摘要： 本文根据个体思维发展阶段的特点与我国目前口语教学的现状，论述了大学英语专业在口语教学中重视思维能力发展的重要性和必要性，并就如何在口语教学中培养学生的思维能力提出了建议。

关健词： 口语教学、思维能力、形象思维能力、逻辑思维能力、创造性思维能力。

多年来，我国英语专业教学一直对学生思维能力的培养不够重视，教学中多半考虑的是如何满足英语难度循序渐进的要求以及如何使学生能够熟练地掌握听说读写译的技能，而很少顾及学生思维能力的发展。基础阶段的教材中多半是诙谐幽默的故事，或是思维难度不高的科普文章。口语课上学生用外语表述或讨论的问题通常是初中生，甚至是小学生所感兴趣的问题，例如"假期中去哪儿旅游"，"给朋友送什么样的生日礼物比较合适"，"假如我成了百万富翁，会做什么"。很明显，这些问题虽然对训练语言技能有所帮助，但对学生的思维能力并没有多大的挑战性，更谈不上创造性。正如《关于外语专业本科教育改革的若干意见》所指出的"在语言技能训练中往往强调模仿记忆却忽略了学生思维能力、创新能力、分析问题和独立提出见解能力的培养。"（何其莘等，1999：26）

究其原因，比较复杂，有客观原因，也有主观原因。从客观条件上看，报考英语专业的学生，英语水平通常远远低于他们的思维水平，因此要讨论对思维具有挑战性的问题，学生的语言水平往往不容易跟得上，但这一困难不足以成为忽略培养思维能力的理由。从主观的角度来看，教师中有相当一部分对提高学生思维能力的重要性认识不足，对思维能力的内涵了解不清，对如何结合专业课程教学来提高学生思维能力的教法不熟悉。我们认为这些主观原因是问题的症结所在，为此本文就与主观原因相关的问题进行讨论。

1. 培养英语专业学生思维能力的必要性

如图 1 所示，个体思维的发展必须经历形象思维、形式逻辑思维和辩证逻辑思维三个阶段（张忻福等，1992）。这三个阶段既互相独立，又互相重叠。根

---

1 转载自《国外外语教学》，1999 年第 2 期。

据不同年龄阶段的心理特点，小学阶段以形象思维为主，中学阶段以逻辑思维为主，大学阶段以辩证逻辑思维为主；同时前一个阶段的后期与后一个阶段的前期有明显的重叠现象。创新思维不是一个独立的阶段，它融合在三个阶段中，但每一阶段创新思维的内容与特点应该有所不同。

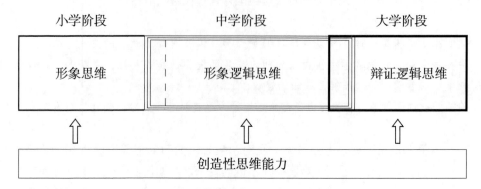

图1：个体思维的发展阶段

需要指出的是学生思维能力的发展不一定与学历的提高成正比。换句话说并不是所有的高中生都具有成熟的形式逻辑思维能力，所有的大学生都具有成熟的辩证逻辑思维能力。因为思维能力的发展不是自发的，它需要有效的训练和培养。

目前英语专业学生思维能力发展的情况究竟怎样我们没有实证调查的依据，很难做出准确的描述，但根据以往的教学经验，英语专业学生的辩证思维能力普遍比较弱。他们的思维通常呈现的模式是"非对即错非此即彼"：一个问题，一个解决方法，一个结果，一个原因。与文、史、哲专业的学生相比，他们的思维缺乏深度和广度。如果英语专业课程教学本身再不落实思维能力的培养，那么英语专业毕业生的思维水平很可能在低水平徘徊，不能适应新世纪知识经济时代对人才的要求。

事实上，促使大学生的思维水平从低级向高级转化是一项极其艰巨的工作。它需要有计划、有步骤地贯穿于专业课程教学的全过程。

2. 对英语专业学生思维能力的具体要求

无论是基础阶段还是高年级阶段的教学大纲都多次写道：要提高学生的逻辑思维能力。例如在《基础大纲》（1989）的"教学任务和目的"中写道：培养学生逻辑思维能力；在"教学原则"的第一条中写道：提高学生逻辑思维能力；在对"综合英语课"和"阅读课"这两门课进行说明时，分别写道："培养逻辑思维能力"，"培养学生细致观察语言、假设判断、分析归纳、推理验证等逻辑推理能力"。《高年级大纲》（1990）也多处写道：要提高学生的逻辑思维能力和独立分析能力。我们暂且先不评论大纲的这些要求是否在专业教学中得到贯彻，从上述的要求可以看出，旧大纲的制定者只是强调了培养逻辑思维能力的重要性而忽略了辩证逻辑思维和创新思维能力的培养，因此我们认为有必要对思维能力的内涵进行较为全面的说明。

大学生思维能力的培养包括三大块：逻辑思维能力，辩证逻辑思维能力和创新思维能力。逻辑思维能力是辩证思维能力的基础或前提，或者说辩证逻辑思维能力包括逻辑思维能力。因此在专业课程教学中，逻辑思维能力和辩证逻辑思维能力的培养不能截然分开。创新能力可以与逻辑思维能力相结合；也可以与辩证逻辑思维能力相结合。具体地说，逻辑思维能力包括分析与综合能力、抽象与概括能力；辩证思维能力包括多角度分析问题的能力，换位思维能力，从发展和变化的角度分析问题的能力，一分为二看问题的能力。创新思维能力包括发现问题的能力，批评能力，解决难题的能力。形式逻辑具有条理性、精确性和统一性。辩证思维具有灵活性、全面性和深刻性；创新思维具有探索性、多样性和不定性。

3. 如何在口语课中培养学生的思维能力？

前面已经提到，思维能力的培养要贯穿于高等教育的全过程。由于本文侧重于口语教学，因此本文只涉及如何在口语课中将语言技能的训练与思维能力的培养有机地结合在一起。

从逻辑上说，语言只是个载体，它总是要表达一定的思想内容。内容本身的组织必须以思维能力为前提，然而表达的内容可以处在形式逻辑思维的初级阶段，也可以处在逻辑思维的高级阶段；可以处在辩证逻辑思维的初级阶段，也可以处于辩证思维的高级阶段。从这一意义上说，我们的教学活动如不在培养学生高层次的思维能力，就是在强化学生低层次上的思维能力。只有当教师有意识地选择教学活动，促使学生的思维水平从低级阶段向高级阶段转化，英语专业学生思维能力的培养才能被纳入正常的教学轨道。下面我们根据教学经验提出一些建议。

3.1 设计的口语活动一定要对学生的思维水平具有挑战性

口语课既有训练语言技能的要求，也有培养思维能力的要求。如何兼顾这两个方面？要做到兼顾这两方面的要求，说必须和读或听相结合。实践证明，没有一定语言材料的输入，学生很难讨论那些有思维深度的问题。一方面学生有内容上的困难，即不知从何处说起；另一方面有语言上的困难，即缺少可以表达自己思想的英语词汇和句型。先读或者先听，一方面给学生一种刺激，引起他们想说的愿望，如果所选材料涉及的主题有争议性，效果就会更好；另一方面读或听的材料中必定为学生提供部分可用的语言材料和内容。例如，我们选择了一篇文章，内容是为吸烟人辩护，文中阐述的理由很可能是学生以前从未考虑过的。这篇文章中阐述的内容就可能与学生原来的看法产生撞击，使学生产生要讨论这一问题的愿望。

3.2 设计培养归纳和抽象能力的活动

形式逻辑思维能力包括分析和综合能力，抽象和概括能力。根据多年的观察，我们发现英语专业学生的归纳能力和抽象能力普遍比较差，例如让学生将某些因素归类，再用概括的名称来描述这些不同的类别。学生的困难表现在以下两个方面：（1）归出的类别不在同一个抽象水平上；（2）归出的类别有互相交叉的现象。我们在教学中可以有意识地安排下列一些活动：（1）要求全班同学说出抽烟／喝酒的坏处，学生经过集体的努力肯定能说出十来条。这时你不能就此停步，可以继续要求他们将上述原因进行归类，同样我们可以用此方法讨论许多其他类似的问题。例如：为什么中国水污染问题那么严重？为什么在就业市场中女大学生要受到歧视？讨论这些问题时，我们要特别注意帮助学生克服上述的两个困难。

3.3 设计培养辩证逻辑思维能力的活动

辩证逻辑思维强调思维的灵活性、全面性和深刻性，它是思维发展的高级阶段。英语专业的学生在这方面的能力普遍比较弱，亟待培养提高。口语课上如果项目设计得当，可以有效地培养学生多角度看问题的能力。例如我们可以讨论"中国是否需要鼓励私人轿车"。这种讨论一定要有计划性，或者说教师要给以恰当的指导。例如在讨论之前，大家可以先讨论思考问题的角度，比如可以从国家发展经济的角度、从环境保护的角度，从提高个人生活质量的角度。如果大家同时从三个角度来思考问题，他们就会发现很难用是或否来简单地回答这个问题。同样，我们还可以从历史发展的角度，探讨其他发达国家是如何解决类似问题的，或者从横向的角度，看看当今世界上类似国家的做法。

经过上述讨论，学生回答问题的思路一定比较清晰，对问题的看法也会比较全面。如果缺少这样的指导，虽然学生也能用英语各抒己见，但他们的看法很可能挂一漏万，缺乏内在的逻辑联系。用同样的方法，我们可以讨论"大学教育是否要取消闭卷考试","中国是否要关闭所有的烟厂?"经过类似的训练,学生就能触类旁通,将这种多角度看问题的能力迁移到其他类似的场景中去。

3.4 设计培养创造性思维的能力

创新思维能力的培养应该贯穿于小学、中学和大学教育的全过程。它与逻辑思维能力以及辩证思维能力之间不存在一种先后发展的关系。说到底,创新思维就是求异思维。我们可以设计活动专门用于培养创新思维能力,也可以将这一能力的培养融于逻辑思维能力或辩证思维能力的培养活动中去。我们在教学中可以设计以下活动,用于专门训练创新思维:(1)设想 20 年后大学教育的情况;(2)设想 20 年后的科学发明创造;(3)设想 20 年后电视机的命运;(4)对某篇文章的内容提出自己的批评意见;(5)对某个难题提出与众不同的解决方法。在完成这些活动时,教师特别强调的是新异性,而不是逻辑性,对一些与众不同的想法,要及时给以鼓励。

我们也可以在完成培养逻辑思维和辩证思维能力的活动时,把创新思维的要求糅合在其中,例如在要求学生将某些现象归类时,鼓励学生提出不同的归类方法;在要求学生讨论思考问题的角度时,鼓励学生提出新的不同的角度。

此外,我们在口语课上,还可以要求学生用英语从事小专题研究(Mini-research projects)。教师首先把学生分成小组,然后要求每个小组自己选择课题,设计调查方案,收集数据,口头报告研究结果。发现问题本身是创新思维的一种表现,分析数据,既需要逻辑思维能力,又需要辩证思维能力。因此这个模拟的研究过程涉及到各种思维能力的培养,是一种综合性的思维训练活动。

以上仅仅是我们根据实践,对如何在口语教学中培养学生思维能力提出的一些建议。我们希望有更多的人从事这一方面的研究,根据研究结果,提出更多的、富有成效的课堂教学活动。

参考文献

高等学校英语专业基础阶段英语教学大纲制定组.《高等学校英语专业基础阶段英语教学大纲》(第一版).上海:上海外语教育出版社,1989.

高等学校英语专业高年级英语教学大纲制定组.《高等学校英语专业高年级英语教学大纲》(第一版).北京:外语教学与研究出版社,1990.

何其莘、殷桐生、黄源深,刘海平.关于外语专业本科教育改革的若干意见.《外语教学与研究》,1999 年第 1 期:24-28. 1999.

张圻福、周川、孙裕娥.《大学课程论》.南京:江苏教育出版社,1992.

英语口语教学中交流学理论对提高学生思辨能力的作用[1]

宋 毅

北京外国语大学英语学院

摘要： 本研究旨在检验在大学英语口语课中融入交流学理论对提高学生思辨能力的作用。研究以北京某大学英语系一次口语课上的对话练习为研究对象，对学生英语对话中的思辨成分进行了分析。结果显示交流学理论能够提高学生多角度理解和评析事物的思辨性沟通能力，培养他们开放、正直的情感特质和积极解决问题的兴趣。本文建议在英语口语课教学中，教师应适当教授交流学理论，并可将这种教学理念推广到大学英语和非英语专业的口语教学中。

关键词： 英语口语教学；思辨能力；交流学理论

思辨适用于各个领域，是可转换的技能（Transferable skill）。中国高等教育的核心目标在于增强学生的思辨能力，大学英语将沟通能力设定为主要教育内容（Zhu，2003），力求学生既会识记和理解英文，也能综合评价信息，解决现实问题（Ennis，1965）。若干英语专业的大学新生虽能进行常规的英语口头交流，但涉及严肃话题时内容陈旧空泛，主观臆断，或缺乏论证和理论依据，或表达含糊不清，难以进行深入独立的思辨性沟通。因此口语课应将教学重点放在如何增强学生的思辨能力上。通过教授人际交流口语课，笔者发现引入与交谈情境相关的理论知识可扩增学生的思辨角度、方法和语料储备，从而值得进一步探讨。

1. 思辨理论与口语课

思辨涉及多种构成技能和评判标准。在诸多思辨模型中，Bloom（1956）首先对思辨技能分层界定。其中，低级思维训练人对概念的记忆，理解和应用能力；高级思维包括分析问题、评价事物和自主创造的能力。双辨思维能力模型（APA，1990）除了细分认知能力（如阐释，分析，评判，推理，解释，自我调节），还对思辨者的情感特质进行了规范（如好奇，自信，开朗，灵活，公正，诚实，谨慎，善解人意）。Elder 和 Paul（2006）将思辨模型增添为三维：思维元素（即目的，问题，信息，概念，假设，视角，推理，启示），评判标准（包括

---

1 转载自《外语与外语教学》，2012 年第 5 期。

清晰度，准确度，相关度，逻辑性，精确度，重要性，完整性，理据型，广度，深度），和智力特征（即谦恭，独立，正直，勇敢，坚持不懈，自信，富有同情心，公正无私）。融合前三个模型，林崇德（2006）将所有构成思辨能力的因素分为六类：思维自我监控，思维目的，思维过程，思维素材，思维品质和思维中的认知与非认知因素。在前四个模型基础上，文秋芳（2008）根据中国学生的特性，将思辨能力划分为两层：第一层为元思辨能力，即自我调控，涉及作者对自己思辨计划的检查、调整与评估；第二层包括认知技能（即分析，推理，评价）、标准（如清晰度，相关性，逻辑性，深刻性和灵活性）和情感特质（如好奇，开放，自信，正直和坚毅）。综上所述，思辨的核心在于如何通过认知事物，对信息进行综合理性的分析并解决实际问题。因此，思辨性的口语课教学重点在于如何通过口语训练提高学生的认知能力和解决问题的能力。

思辨能力的培养需要结合实际情境进行。思辨能力的训练效果与教师教什么和怎么教都具有重要的关联（Ruggiero，1988）。根据认知失调理论（cognitive dissonance theory；Festinger & Carlsmith，1959），人有保持认知一致性的趋向。许多人拥有内在的阻碍他们获取新认知的自我认知保护思维机制（Argyri，1991）。为了克服这种机制，Willmott（1997）提出"思辨行为学"，建议个体在特定的实验或实践情境中培养思辨能力。Lauer（2005）认为对思辨能力的培养应与知识类型课相结合。这种教学方式能减少学而无用的冒险（Wright，2002）。与此相呼应，国内的学者也提出英语技能课应以内容为依托（常俊跃等，2009），通过建设有利于思辨能力训练的理论性知识课程来培养复合型的英语人才（孙有中、金利民，2010）。

那么，思辨能力如何在大学口语课中得到训练呢？答案是引入理论。理论是关于思维的思维，通过一套系统的原理，运用概念解释普遍现象和事物间错综的关系（Stewart，Harte & Sambrook，2011）。一个理论经常来源于对具体事件和经验的认知积累，介绍了某类群体、现象或问题的特性，具有普遍的诠释和指导功能，为使用者提供思辨的角度和方法。理论虽然抽象但不枯燥，相反，它能帮助使用者进行灵活多样的逻辑推理，提供多种分析角度和解决问题的思路。理论一方面对某类现象的一般规律和性质进行解释，同时并不排斥个体差异与情境特性的存在。中国学生的英语思辨能力受制于其英语知识的储备量。Floyd（2011）发现中国大学生用汉语进行思辨能力测试明显好于用英语进行同样的测试。学生口头沟通的准确性和深度受到所掌握的词汇影响。因此，学习理论的过程其实能为学生储备认知内存，丰富其灵活进行高级思维活动所必备的语料库，拓展分析问题的广度和深度，使之言之有物，言之有理。

大学英语专业的学生需要掌握什么样的理论呢？笔者认为首先可从他们关心

的人际交流开始。李新明（2002）发现大学生的心理健康值得特别重视。上大学为他们提供重新认识自己和扩大社交的机会，但也带来了各种人际交往问题，例如自卑／自负，朋友／同学／家庭矛盾，不善于与团体成员沟通合作，文化／社会群体歧视等。笔者观察到口语课中学生对各种情境下的人际交往话题抱有浓厚的兴趣：他们希望与同龄人交换经验，获取反馈，寻求建议。因此，在口语课中引入有关人际交流的理论，既为技能训练提供适宜的沟通情境，又满足了学生成长过程中的心理需求。这与思辨与实践相结合的教学理念（Lauer，2005；Wright，2002）相一致。

2. 人际交流课介绍

该口语课旨在增强学生在常见人际交流情境下（如自我认知，个体交流，跨文化沟通与过渡，团队协作，解决组织内部矛盾等）进行得体有效的思辨性沟通的能力。该课程从 2010 年秋至 2011 年底三次为一年级本科生开设，每周三课时（50 分钟为一课时），平均每三周讨论一个情境。在各情景单元内，第一周学生主要致力于低级思维活动，即对理论的理解、评析和课堂运用。学生课前完成阅读材料，教师在第一课时讲解疑难理论概念（例如在组织内人际沟通情景中介绍葡萄藤关系网，矛盾冲突种类和主要解决策略），后两课时组织各种课堂活动（如个人即兴发言或演讲，成对或小组讨论，情境模拟，观看案例视频等），运用理论分析案例。第二周是高级思维活动阶段，即分析解决实际问题。教师布置项目，学生自主选择练习对象（人或事件），以小组为单位（2~5 人）收集第一手信息（如采访中国和外籍学生），运用所学理论分析问题（如文化差异和文化过渡），并提出解决问题指导实际行动的方案（如如何保持良好的跨文化友情）。第三周学生做口头陈述，组内成员分工汇报。由于广泛的对话最能训练学生的思辨能力（Paul，1992），所以该课鼓励学生以二人或小组形式从事多样的口语练习。这种教学设计希望弥补学生缺乏换位思维和生活经历的遗憾，将口语练习融入到真实的情景活动中，丰富学习的真实性，趣味性和实用性。

该课程每班平均有 24 名学生。在第一期，笔者所在英语学院选拔了 2010 级 24 名入校口语成绩优异的学生参加了秋季班（大部分从双语学校毕业），余下的 72 名学生中有 23 名参加了第二学期春季班（学生基本没有在双语学校接受教育或参加重大英语口语比赛的经历）。在两轮教学中，学生的课堂表现，考试结果和期末反馈信息显示不同英语学习背景和水平的学生均能逐步适应这门课的教学方法并达到教学要求。因此，自第三期起该课程对所有新生开放。

学生所用教材来源有二：一本美国英文人际交流教材；为配合课上讨论，老师也推荐学生阅读一些英文学术论文。平均每周学生的阅读量达 40~60 页英文原文。阅读内容涉及多种人际交流情境：自我认知（如认知误区／自我与他人的认知差异），人际关系（如友情／爱情／亲情／网络社交），非文字沟通（如服饰／面部表情与手势／空间／建筑／行为），跨文化背景下的人际沟通（如文化差异／文化冲突与过渡），小团体沟通（如领袖气质／成员关系），组织内人际沟通（如组织结构／解决矛盾冲突的技巧／性骚扰／面试）等。通过阅读，学生掌握了大量理论和规范的常用术语。

　　课程考核依循理论＋应用＋创新三位一体的思路，形式多样。例如，教师讲解了人性自我认知的规律后，让每名学生在课上运用相关理论作 5~6 分钟的自我剖析（如弱点和优势；自我身份认知和需求认知等），然后由听众提问，加强同学间的了解。讨论人际关系时，让学生反思一段失败的个人关系（如友谊，家庭关系，恋情等），随后其他同学自选与人际沟通相关的理论分析并提出解决问题的建议。为了让学生体验团体合作和不同领袖角色，得体有效地解决矛盾分歧，教师要求学生以小组为单位，调查校园问题的现状、历史、原因，共同探讨解决办法。在介绍工作场所性骚扰问题时，通过观看案例视频，学生讨论受害者和侵害者的语言行为特点以及防御措施。除了口头考核，为了检测学生的阅读效果，每情境单元结束时有一次笔头测验。形式各异的学习方式使学生始终保持高度的注意力，频繁锻炼多项思辨技能，培养自由开放的沟通态度，并开发发现、分析和解决问题的创造力。

3. 思辨能力的评判标准

　　依据前面介绍的思辨理论和口语教学对象，笔者在训练学生的思辨能力时兼顾认知元素和情感特质。认知细分为技能（即运用，分析，评价和创新）和标准（清晰性，准确性，逻辑性，创新性，相关性，重要性，灵活性，和深刻度）两类。根据学生特性，情感特质汇总为好奇，公正，正直和独立四项（宋毅，2011）。

　　在四种技能中，"运用"指运用与话题相关的理论对事情进行诠释来阐明观点；"分析"要求对纷杂的事物表象进行整合，寻求相似点并归类分析（共性）或从事物的普遍性中具体分析个体特性以提炼出具有指导意义的理性结论。在"评价"过程中，学生通过论证和逻辑推理，运用某种理论，从一定的角度对既有观点（赞同和反对方）进行合情合理、公正客观的评议。通过"创新"，学生整合既有观点，发展新理念，提出解决问题的新思路，并对其可行性进行论证。从运用到分析，从评价到创新，这四项技能结合一体，锻炼学生独立公正和创新的思辨能力。

在八项标准中，"清晰性"要求运用规范的语言清楚明了地表述观点。"准确性"强调表达没有错误，引用数据准确，没有曲解引文的原义并对事物概念的解释到位。"相关性"要求讨论与话题相关的理论、数据和事例。"逻辑性"要求各部分合情合理，观点相辅相成，不自相矛盾，没有逻辑错误。"重要性"要求摈弃无关紧要的枝节，从能被交谈对象认可的角度，着重谈论与交谈对象利益相关的问题。"灵活性"要求从交谈对象的兴趣和需求出发来安排语言风格和组织结构，力求进行有新意、生动有趣的交流。"深刻度"要求在交谈时能将问题的复杂性，所涉及的主要概念之间的关系以及与其他事物的多重相关性考虑在内，在具体理论指导下进行深入浅出的分析。"创造性"要求运用已有理论和实际观察，通过严谨的逻辑分析，推导出合情合理的解决问题的新提议。

在四项情感特质中，"好奇"要求学生通过调查研究，了解交谈对象对什么话题或视角感兴趣，以及认识程度，并在此基础上提供对方感兴趣的信息和观点。"公正"要求学生避免使用不准确或片面的论据，对问题的多面性作客观公正的介绍和评析。"正直"要求观点合乎社会基本的伦理道义和法律规范，体现出积极向上的人生观和世界观。"独立"要求不盲从潮流或权威，观点论述有理论指导和事实依据。中国大学生在情感特质方面的问题较多。中国传统主流文化中的儒家思想号召尊重权威，统一思想（Chan & Elliot，2004；Qian & Pan，2002）。至今许多中国年轻人仍然沿袭着这种思维习惯。通过检验中国大学本科生的认知观与其思辨能力的关系，Chan，*et. al.*（2011）发现中国大学生中持有知识不变论的（如知识是不变的，权威的观点最正确）往往不考虑事物的多面性，不愿倾听异议者，贬低或忽视对立方观点。这种思维定势无疑不利于知识的进步和完善，无法保障平等的自由沟通。因此口语教学应多鼓励学生倾听异议，公正评析。

4. 案例分析

接下来举例说明的"看电影 - 谈感受"练习是在第七个星期（共授课十六周）学生学习跨文化情境下的人际交流时进行的。本情境单元介绍的理论包括文化分类、跨文化冲突和过渡模型等。纪录片 *Daughter from Danang* 介绍了诞生于越南战争中的一个越美混血女子 Heidi 幼年被一美国单身母亲收养，成年后回到越南与亲生母亲家庭团聚的经历。学生观看完电影，自选片段或事件，经过 15 分钟的准备，成对展开 3~5 分钟的自由讨论并进行同期录音。笔者依据第三部分的思辨能力评判标准，对十条对话进行了分析。结果显示讨论呈现出八项思辨特点。

口语练习理论运用汇总表

对子	话题	运用的理论
1	空间关系学；姐妹关系；矛盾处理；面子	proxemics/comfortable zone; expectancy violation theory; power distance; conflict management; Maslow's hierarchy of needs; self-disclosure; high/low-context culture; individualism vs. collectivism; face; cultural adjustment
2	母女关系	high/low-context culture; in/outgroup identity
3	姐妹关系	individualism vs. collectivism; conflict management; uncertainty reduction
4	母女关系；矛盾处理	individualism vs. collectivism; filial piety; definition of family
5	母女关系	orientation of conflict; conflict management; hierarchy of needs; cultural shock；cultural adaptation; filial piety
6	空间关系学；人际关系中的辩证法；矛盾处理	relational dialectics; privacy; comfort zone & touch; conflict management; identity
7	母女关系；矛盾处理	intergenerational family responsibility; intercultural adaptation; collectivism vs. individualism
8	母女关系；矛盾处理	attribution complexity; cultural shock; conflict management; filial piety; intercultural competence; intercultural adaptation
9	公共行为	conflict management; in/outgroup identity; individualism vs. collectivism; masculinity; facework
10	母女关系	conflict type; intercultural competence; expectancy violation

（1）综合运用多项思辨技能。每对学生都运用理论对自选的电影片段／事件进行分析、评判并提出解决问题的思路。（2）角度多样。每对学生都自选二至十个理论（详情请见"口语练习理论运用汇总表"）。十对对话涉及七个不同话题（即空间关系学；姐妹关系；母女关系；矛盾；面子；人际关系中的辩证法；公共行为）和二十五个理论。分析同一话题时学生运用的理论不尽相同；同一理论被不同学生运用来解释不同的现象。例如十对中有六对讨论母女关系。有的分析

双方交流的直率度和自己人认可度，有的分析个人主义，孝顺与家庭观念，有的分析矛盾冲突原因和解决方式，有的分析年龄造成的等级性交流方式，有的分析文化冲击对母女关系的影响，有的分析双方沟通的得体性和有效性。每种分析角度都以相关理论为指导。（3）理论运用灵活恰当。尽管纪录片主要讲述主人公的跨文化省亲经历，学生却能运用之前学过的涉及自我认知、人际关系、文化差异/过渡、矛盾冲突和肢体语言等话题的 25 个理论，对问题进行合理贴切的评析。（4）语言清晰地道。在理论学习过程中，学生积累了较为丰富的专业术语和理论概念，他们能自如选择具体贴切的词汇和概念准确表达自己的意思。（5）逻辑性强，论点的提出总是伴随着相关理论和证据的支持。（6）理论、案例与自己的经历相联系，活学活用。（7）注意观察，愿意倾听，对交谈对象持友好开放的态度，善于自省。（8）价值观符合积极的主流伦理标准。

下面笔者例举一对学生的部分对话原文以说明这八项特点，并用中文在括号中标注出相关思辨技能和情感特质：

[节选一]

A: Do you remember that Heidi said her mother was really aggressive（关注问题）?

B: Yeah! Her mother always dragged her hand and stayed extremely close to Heidi（留意肢体 / 空间语言）.

A: What's more she constantly kissed Heidi as if Heidi was her toy（提供新信息并评价）.

B: This reminds me of the bubble theory（运用理论）. Everyone has a bubble around, which creates a comfort zone. In this case, the mother's intimate body touch apparently invaded Heidi's physical comfort zone. It's a pity that Heidi hadn't a close relational bond with her biological mother—she had an adoptive mother in the United State and thought her birth mother was sort of a stranger who abandoned her at 7（运用理论分析问题起因）.

A: That makes sense（对同伴的看法持礼貌包容的态度）. But at their first meeting at the airport, Heidi and her birth mother felt excited with warm hugs and kisses. I could strongly feel their connection and love（提出异议）.

B: I think the Expectancy Violation Theory can explain. At reunion occasions, strong emotional display is expected worldwide. That is within Heidi's expectancy. However, her mother overdid it in the following days. The unexpected intimacy annoyed Heidi（运用新理论进行解释分析）.

A: Yeah, her mother's behaviors violated her expectancy. I believe power distance may also be applied to this problem（运用新理论）. America is a low-power-distance society while Vietnam is the opposite（注重个体差异）. In a high power distance society, the mother is entitled with authority over children and thus often makes decision for them. The mother took it for granted that she could arrange Heidi's schedule at will, thus taking Heidi to visit some places and people without considering Heidi's feelings. The mother's dominating communication contradicted with Heidi's endorsement of independence（结合具体情景运用理论进行分析）.

［节选二］

B: I think the mother's avoidance made Heidi feel really irritated. Indifferent attitude can drive people crazy. It's non-verbal competitive communication（推理）.

A: What do you mean by non-verbal communication（好奇）?

B: Such as gestures, body movements, facial expressions which communicate without verbal expressions（解释概念）. Her mother's silence showed dissatisfaction towards Heidi indicating rejection to Heidi's proposal（举例说明）.

A: I had similar experience. Every time when I disagree with my mother, she just keeps silent and does other things leaving me shouting alone. She doesn't say anything but I can strongly feel her anger and disagreement（自省）.

B: I guess this is really common in parent-child communication across Asian cultures（归纳共性）.

［节选三］

A: According to Maslow's Hierarchy of Needs, an increased self-esteem would bring one happiness and chances to self-actualization, the highest level of people's need. However, the mother's dominating behaviors hurt Heidi's ego（运用理论）.

B: I guess it's unreasonable for the mother to maintain her self-esteem at Heidi's sacrifice（评价）.

A: This reminds me of a similar situation in the movie *Joy Luck Club*. When the daughter won an international chess champion, the mother was so proud of gaining positive face via her daughter's effort that she told every passer-by on the street about the news（寻求事物间关联与共性）.

B: Yeah, but the daughter felt humiliated believing the mother was using her success to boast her parenting output and to climb up the ladder of fame. The mother's ignorance of the daughter's autonomy made the daughter not feel being loved by her mother（运用理论对双方的行为进行分析）.

A: Heidi might think the same as the girl in *Joy Luck Club*. To be frank, I don't think a mother's bossy communication style will do well to her child. Instead, it may lead to relational break-up（共性总结）.

[节选四]

A: I never realized that the differences between cultures can create so many barriers for people to communicate（反省）.

B: It's true. I'm wondering what you would do if you were Heidi（好奇）.

A: She might establish a closer emotional bond with her mom first（提议一）. Heidi's mother gave her life and experienced hardship during the pregnancy. She raised Heidi for 7 years and was forced to send her away. She kept looking for Heidi over 20 years and never gave up. All indicated her love for Heidi. I suppose if Heidi could keep this in mind and be grateful, her affection would solidify the mother-daughter tie（解释合理性）.

B: I agree. Heidi could also recognize cultural differences between US and Vietnam（提议二）. Recognition is the first step. Comprehension and adjustment are also needed in cross-cultural experiences. When you are in Rome do as Romans do（解释合理性）.

A: What's more, it's better for Heidi to wipe off her self-centered stereotypes against poor relatives and display more tolerance towards unfamiliar cultural conventions, such as richer siblings providing financial aids for the poorer in Vietnamese families（提议三）.

B: Both parties should give each other more time for cultural adaptation, not pushing each other so hard（提议四）.

A: In a nut shell, love and mutual understanding are the best solution to manage conflicts and better relationships（归纳总结）.

纵观全文，这对学生灵活运用理论多视角评析事件，探讨因由，解释提议，体现了好奇、开放、友好、正直的思辨品质；表达地道准确，逻辑性强。这些交谈特点普遍存在于其他学生的对话中。练习证明理论知识对学生进行思辨性的沟通很有实践指导意义：它能拓展思辨角度，促进学生探讨问题的敏锐性和兴趣，激发其灵活解决问题的创造性。这种训练也能培养学生对异议者的开放包容态度，这对于知识的完善和社会的进步，培养具备成熟公民意识的学生有着积极的促进作用（Dam & Volman，2004）。

5. 结论

　　传统的口语课教学模式需要改进。融入理论学习的英语口语教学模式能有效地增长学生的认知水平，帮助学生敏于观察，擅于反思，培养多方面分析和理性开发解决问题的思路。人际交流课虽然最初为英语专业新生设定，但它为非英语专业的口语授课也提供了改革思路。除了人际交流理论，其他专业的口语课可根据学习对象融入不同专业理论。如国际法学生可介绍常见的法律律例，进行案例分析和模拟表演。此外，实现这种口语教学改革需要做好一系列准备工作。例如，转变学生认为理论学习和课前阅读枯燥乏味的情绪，建立灵活的督察机制。编写适用于不同学习对象的教材，定期培训教师，加强校际交流等。随着理论/内容＋沟通技能这类课型的日益完善，培养具备高级思辨沟通能力的复合型外语人才必定成为英语口语教学的发展方向。

参考文献

Argyris, C. Teaching smart people how to learn [J]. *Harvard Business Review*, 1991 (69): 99-109.

Bloom, B. S. *Taxonomy of Educational Objectives: The Cognitive Domain* [M]. New York: David McKay Co Inc,1956.

Chan, K. W. & Elliot, R. G. Epistemological beliefs across cultures: Critique and analysis of beliefs structure studies [J]. *Educational Psychology*, 2004 (24): 123-142.

Chan, N. M. Ho, I. T. & Ku, K. Y. L. Epistemic beliefs and critical thinking of Chinese students [J]. *Learning and Individual Differences*, 2011 (21): 67-77.

Dam, G. T. & Volman, M. Critical thinking as a citizenship competence: Teaching strategies [J], *Learning and Instruction*, 2004 (14): 359-379.

Elder, L. & Paul, R. *The Miniature Guide to the Art of Asking Essential Questions* [M]. Dillon Beach, CA: Foundation for Critical Thinking, 2006.

Ennis, R. H. A concept of critical thinking [J]. *Harvard Educational Review*, 1962 (32): 81-111.

Festinger, L. & Carlsmith, J. M. Cognitive Consequences of Forced Compliance [J]. *Journal of Abnormal and Social Psychology*, 1959 (58): 203-210.

Floyd, C. B. Critical thinking in a second language [J]. *Higher Education Research & Development*, 2011 (30): 289-302.

Lauer, T. Teaching critical-thinking skills using course content material: A reversal of roles [J]. *Journal of College Science Teaching*, 2005 (34): 34-37.

Paul, R. C. Critical thinking: What every person needs to survive in a rapidly changing world (2nd ed.) [M]. Santa Rosa, CA: Foundation for Critical Thinking, 1992.

Qian, G. & Pan, J. A comparison of epistemological beliefs and learning from science text between American and Chinese high school students [A]. In B. K. Hofer & P. R. Pintrich (eds.). *Personal Epistemology: The Psychology of Beliefs about Knowledge and Knowing*. Mahwah, NJ: Erlbaum, 2002.

Ruggiero, V. R. *The Art of Thinking: A Guide to Critical and Creative Thought* [M]. New York: Harper and Row, 1988.

Stewart, J., Harte, V. & Sambrook, S. What is theory? [J]. *Journal of European Industrial Training*, 2011 (35): 221-229.

Willmott, H. Critical Management Learning [A]. In, Burgoyne, J. & Reynolds, M. (eds.). *Management Learning: Integrating Perspectives in Theory and Practice*. London: Sage Publications, 1997.

Wright, I. Challenging students with the tools of critical thinking [J]. *The Social Studies*, 2002 (93): 257-262.

Zhu, H. Globalization and new ELT challenges in China [J]. *English Today*, 2003 (19): 36-41.

李新明. 当代大学生普遍存在的几个心理问题及其对策探讨 [J]. 湘潭大学社会科学学报, 2002 (1): 138-140.

林崇德. 我的心理学观——聚集思维结构的智力理论 [M]. 北京：商务印书馆，2008.

常俊乐、刘晓蕖、邓耀臣. 内容依托式教学改革对英语专业学生阅读理解能力发展的影响分析 [J]. 中国外语, 2009 (3): 40-53.

宋毅. 英语议论文写作评分表与思辨能力培养 [A]. 英语写作教学与思辨能力培养研究 [C]. 北京：外语教学与研究出版社，2011.

孙有中、金利民. 英语专业的专业知识课程设置改革初探 [J]. 外语教学与研究, 2011 (4): 303-305.

文秋芳、王建卿、赵彩然、刘艳萍、王海妹. 构建我国外语类大学生思辨能力量具的理论框架 [J]. 外语界, 2009 (1): 37-43.

英语公共演讲课程中学生批判性思维的培养

高莲红

中国政法大学

摘要：本文分别从心理学与修辞学的角度分析了批判性思维的概念与重要性，论述了如何通过英语演讲课程培养学生批判性思维的原理与实施步骤。作者比较了两种适用于不同课堂活动的培养批判性思维的修辞模型：一种适用于课堂批判性讨论或辩论；另外一种适用于演讲稿的写作。在培养学生批判性思维和英语语言应用能力方面，后者较前者更为全面系统。两种模型对英语演讲及写作教师以培养批判性思维为目的组织课堂教学活动具有直接的指导作用。作者同时期待广大的英语教师在使用两种模型组织教学的同时不断更新改进模型，使之更适合不同教师与学生群体的需要，更好的实施培养学生批判性思维和英语语言应用能力的教学目标。

关键词：英语演讲课程；批判性思维；修辞模型

批判性思维（critical thinking）一直是教育和教学改革的一个很重要的概念（Atkinson，1997）。在英语作为二语或外语教学（Teaching English to Speakers of Other Languages，TESOL）的领域里，许多学者讨论过批判性思维这一概念和如何在语言教学中实施这一课程目标（Adamson，1993；Atkinson & Kaplan，1994；Ballard，1995；Belcher，1995；Benesch，1993；Fox，1994；Gajdusek & van Dommelen，1993；Mohan & van Naerssen，1996），但是对批判性思维这一概念的解释仍处于探索中（Atkinson，1997），还没有明确的概念框架供语言教师在课堂教学中对语言学习者的批判性思维进行有步骤和系统地培养。到目前为止，批判性思维的培养作为一项重要的教学目标，多在小学和中学阶段不同科目的教学中进行（Atkinson，1997），在高等教育中对这一教学任务的关注还不够。因为大学生已经获得足够的基本思考能力和基本学科知识，发展批判性思维应该是高等教育中的一项重要任务（Mohan & Lo，1985）。本文将针对批判性思维在高等教育中的关键作用，分析批判性思维这一概念的复杂性和如何在教学中实施这一教学目标，并着重讨论大学公共演讲课程中如何培养学生批判性思维。

1. 批判性思维的定义

批判性思维连同学科的基本知识和实践经验被看作是成功教育的三要素

（Facione & Facione，1994）。在定义批判性思维之前，首先有必要先从哲学与心理学的角度解释一下思维（thinking）这一概念，为后面进一步解释批判性思维打下基础。哲学的一个基本任务是鼓励人们学会思考，借此找到最好的认识世界的哲学方法，最大限度地了解世界。心理学把对思考的理解推向实证主义，用实证的方法对人类的思维活动进行研究，提出了一系列可以从不同角度对思维活动进行解释和测量的理论，如格式塔理论、行为学、心理测验和信息处理的理论（Marzano *et al.* 1988）。在哲学与心理学的理论与实证研究的指导下，来自不同领域的学者们尝试着对批判性思维进行学科化的认识与解释，概念的框架不断被提出并完善。20 世纪 60 年代，批判性思维被看作是态度、知识和技能的综合（Watson & Glaser，1964）。批判性思维也被详细地描述成一个积极的不断进行逻辑推理的认知过程。在这个过程当中，人们用一定的方法探索和分析问题，解释复杂的思想，考虑问题的方方面面，有必要的话还要作出谨慎的判断（Profetto-McGrath，2003）。近年来，这一概念被进一步解释为知识资源，如概念，标准和程序性知识，与思维习惯的组合（Bailin *et al.* 1999）。换句话说，批判性思维的培养并不能仅靠思维技能的简单重复，而更重要的是通过练习一定的标准，运用合适的策略，坚持不懈的更新知识领域里有关知识的结果。

2. 一般性批判思维的培养

由于批判性思维的概念是多维的，培养批判性思维也要从几方面入手（Marzano，1988）。下面关于批判性思维纬度的分析综合了前面概念解释得出的几方面：

a）元认知方面，包括态度、决心和关注。

b）批判和创造性思维，主要是注意到自我的偏见和对已有思想的再组合。

c）思考的过程，包括概念的构成、原理的构成、消化理解、解决问题、作出决定、研究、写作和口头演示与批判性讨论。

d）核心的思考技能，包括目标设定、信息收集、记忆、组织、分析、生成、综合和评估。

以上四个方面适用于每一个学科的教学，根据这一框架，教师可以在课堂上组织批判性思维的实践活动，提高学生对批判性思维重要性的认识，培养学生具有一贯的批判意识的思维习惯。批判性实践活动的组织原则要参照以上提到的三个纬度：批判和创造性思维、思考的过程、核心的思考技能。在活动过程中消化理解以上提到的诸多的概念，同时要认识到，因为概念的多样性与复杂性，培养批判意识与思维习惯的过程应该是长期和不间断的。在简述一般批判性思维的培养之后，接下来要着重讨论在大学的英语演讲课上如何培养学生的批判性思维。

3. 批判性思维在大学英语演讲课中的培养

语言类课程不同于其他课程之处主要表现在对语言知识与技能的强调。换言之，其他课程重在学生思想的开发，而语言类课程除此之外，还要注意如何让学生通过掌握语言知识来提高语言鉴赏力和语言交流能力，这就要求在批判性思维的培养过程中要融入语言应用能力的培养。上面提到的有关批判性思维四个纬度中没有涉及到这个因素。接下来，文章要比较两种适用于不同课堂活动的培养批判性思维的修辞模型：一种适用于课堂批判性讨论或辩论；另外一种适用于演讲稿的写作，两种模型中都包含语言应用技能培养的因素。在培养学生批判性思维方面，后者较前者更为全面系统，但是两种模型都对英语演讲及写作教师以培养批判性思维为目的组织课堂教学活动具有直接的指导作用。

3.1 课堂批判性讨论（critical discussion）的修辞模型

这一部分要讨论的修辞模型适用于课堂上就某一个问题进行的批判性讨论或辩论。这个模型由四个阶段（stages）和五种言语行为（speech acts）类型组成（Eemeren, 1993）。四个阶段包括：对峙（Confrontation），开始（Opening），议论（Argumentation）和总结（Concluding）。对峙阶段主要是阐明不同立场，开始阶段就课堂批判讨论或辩论达成一致的意见，议论阶段主要是提供机会对不同立场的优势进行非限定性的探索，总结阶段是要找到解决问题的方案，或者是就所讨论的问题达成共识。在列出五种言语行为类型之前，有必要简要解释一下言语行为这一语用学概念。言语行为是指句子所具有的运用一定的语法形式进行交际的功能（桂诗春，1988），这些功能包括道歉、感谢、遗憾、问候、请求、许诺和埋怨等（Gass & Neu, 1996）。这个修辞模型里的言语行为包括表述句（assertive/representatives），指令句（directives），受约句（commissives），表情句（expressives）和陈述句（declaratives）。关于五种言语行为的概念解释请参照表1。

表1　五种言语行为
（Source: 桂诗春，1988，p.106-107）

言语行为 类别	定　义	举　例
表述句	做出估计、判断、鉴定、赞许和非难等	I should call him industrious.
指令句	发出指令、实施权利、施加影响、劝告、任命等	I declare war.

（接下表）

（续上表）

言语行为类别	定 义	举 例
受约句	表示决心，作出许诺，承担责任等	I promise to do my best.
表情句	表达态度、情绪和社会行为等	I am sorry.
陈述句	陈述观点，报告经过，宣布决定等	My answer to this question is ...

表2展示了四个阶段和五种言语行为构成的用于批判性讨论与辩论的修辞模型：

表2　用于批判性讨论与辩论的修辞模型
（Source: Eemeren, F. H. 1993, p.31）

讨论的阶段	言语行为类型
对峙阶段	
1.1	表述立场（表述句）
1.2	接受或不接受立场（受约句）
开始阶段	
2.1	挑战，以捍卫立场（指令句）
2.2	接受挑战，为立场辩护（受约句）
2.3	决定开始讨论；达成一致的讨论规则（受约句）
议论阶段	
3.1	提出论点（表述句）
3.2	接受或不接受论点（受约句）
3.3	请求进一步的议论（指令句）
3.4	将议论进一步推进（表述句）
总结阶段	
4.1	确定结果（表述句）
4.2	接受或暂不接受立场（受约句）
4.3	坚持或收回立场（表述句）
（任何一个阶段）	
5.1	请求澄清语言用法产生的歧义（指令句）
5.2	下定义，表达更准确化，详述等（用法说明）

　　用于批判性讨论或辩论的修辞模型可以帮助演讲课教师设计连贯性强、富有逻辑的课堂活动，可以把语言的培训与逻辑思维的培养融为一体。具体的实施方法还应参考学生的语言水平与教学内容和目标，一般情况下建议采用分阶段的方

式，先讲解和练习不同的语言行为类型，然后是每个阶段任务的理解，并尝试使用合适的语言行为类型完成阶段任务。需要注意的一点是，在使用模型组织课堂讨论时，四个阶段的顺序可以根据情况需要随机安排，或省略其中的一个或几个阶段。

3.2 用于演讲稿写作的修辞模型

在3.1中提到的修辞模型适用于课堂讨论和辩论，下面的模型主要用于演讲稿的写作，适用于更为严密复杂的批判性思维的培养（Gao, 2012）。此模型综合了三个修辞学与语言学领域的理论：Toulmin 推理模型（Toulmin's Model, Toulmin, 1956, 2003），主题结构分析（Topical Structure Analysis, Lautamatti, 1978），和衔接理论（Cohesion Theory, Halliday & Hasan, 1976），由16个概念构成，包括逻辑类型、语义连贯和语言形式三个纬度，尝试把逻辑思维与语言使用能力的培养结合起来，使逻辑思维的培养具体化、复杂化并且易于操作。使用这一模型进行语言教学的前提假设是如果思维复杂化，言语也会随着复杂化。这一前提假设产生于语言心理学领域的复杂性原理（the Complexity Principle, Clark & Clark, 1977）。这一原理认为人类通过感知认识世界，用语言表述感知觉如何认识世界并进行信息的组织与处理，所以语言是人类与客观世界的介面，人类思想的复杂化反映为表达方式的复杂（桂诗春，1988）。模型构建主要使用的三个理论和包含的16个概念在下文作详解。

3.2.1 Toulmin 推理模型（Toulmin's Model）

Toulmin 的推理模型（Toulmin, 1956, 2003）主要包含三部分：论点（claim），论据（data）和论证（warrant），在汉语议论文写作中被称为议论文三要素。与三段论（syllogism）进行的从原因到结果的推理顺序正好相反，Toulmin 的推理模型首先从论点开始，然后举证支持论点，受司法推理的影响很大。鉴于与三段论的差别，也被叫作非正式逻辑（informal logic）或实用推理（practical arguments）。表3给出了模型的三个概念的定义和举例。

表3　Toulmin推理模型

（Source: Toulmin, 1956, 2003）

Toulmin's Model	Definition	Example
Claim （论点）	需要进行证明的结论	If a person tries to convince a listener that he is a British citizen, the claim would be "I am a British citizen." (1)

（接下表）

（续上表）

Toulmin's Model	Definition	Example
Data（论据）	论点的事实基础与依据	The person introduced in (1) can support his claim with the supporting data "I was born in Bermuda." (2)
Warrant（论证）	在论点与论据之间建立起联系的陈述	In order to move from the data established in (2), "I was born in Bermuda," to the claim in (1), "I am a British citizen," the person must supply a warrant to bridge the gap between (1) and (2) with the statement "A man born in Bermuda will legally be a British citizen." (3)

如表 3 中所示，论点是需要进行证明的陈述，多出现在文章序言和结论两部分里，阐明作者的立场、偏好、见解或判断（Connor，1996）。在学术性较强的文章里，论点可以重复地出现在序言、问题陈述、假设和讨论的部分里（Hegelund & Kock，2003）。在论点的陈述中，作者要立场鲜明，观点明确，措辞简明，一般要考虑不同情况（contexts，situations，occasions）、不同时间与地域界线、不同条件、不同文化和不同的作者角度等（perspective）（Ruszkiewicz & Lunsford，2004）。论据是用来支持论点的事实、数据、概念、定义、理论和相关研究文献。对于不同的领域来说，还包括文本证据、概念分析、举例子、定性和定量的实证数据等（Hegelund & Kock，2003）。对于普通的学生作文来说，经历、事实、统计数据和事件都可以用作论据（Connor，1996）。论证是指用论据证明论点的可靠性，表明论点与论据之间的联系，说明为什么某些论据足以证明论点。论证可以指具体的研究过程，从问题的提出，理论的分析，文献综述，数据收集与分析到研究结果的阐述与讨论（Hegelund & Kock，2003）。在普通的学生作文中，论证常常指无需证明的事实、公理、规则或原理，以及推理或假设性陈述，用来证明论点与论据间的必然联系（Connor，1996；Ruszkiewicz & Lunsford，2004）。Toulmin 的推理模型已经被证明是检验学生英语写作质量的最佳标尺（Connor，1990）和指导学术论文写作与修改的有效策略（Hegelund & Kock，2003；Ruszkiewicz & Lunsford，2004；Saneh，2009）。

3.2.2 主题结构分析（Topical Structure Analysis）

主题结构分析的方法发展自布拉格语言学流派的主题评论理论（the topiccomment theory of the Prague School of Linguistics，Lautamatti，1978)。根据该理论，句子一般由主题（topic）和评论（comment）组成。主题指的是句子是有关什么，而评论是指关于主题都说了些什么。主题暗指已知信息，与前面句子中的主题可能是同义关系或上下义关系；评论是附加给主题的新信息。句子主题之间或平行或上下的语义关系，使句子间语义衔接紧密，可以避免跑题，也使主题一步步推进（topical progressions）得以顺利进行。主题的推进方式有三种：平行式（parallel progression），递进式（sequential progression）和扩展平行式（extended parallel progression)。定义与举例如表4所示：

表4　主题推进类型

Topical progression	Definition	Conceptual representation	Example
平行式 (Parallel progression)	连续的几个句子的主题相同，重复的目的是加深读者的印象	\<a, b>, \<a, c>, \<a, d>	At times absolute honesty may be difficult. It may even hamper progress and development. Honesty needs to be kept in mind because there is cause and effect relationship in this world.
递进式 (Sequential progression)	连续的几个句子的主题不相同，前面句子的评论引出后面句子的主题	\<a, b>, \<b, c>, \<c, d>	Although there are times when you must say the partial truth. Most times the social rules we have stop us from sharing what we truly believe. Sensitive issues sometimes require us to fib from time to time.
扩展平行式 (Extended parallel progression)	一段文本的首句与尾句的主题相同，但中间的句子主题推进仍是递进式	\<a, b>, \<b, c>, \<a, d>	I live my life by being brutally honest. If I am asked a question I will answer truthfully. Although there are times when you must say the partial truth. Most times the social rules we have stop us from sharing what we truly believe. Sensitive issues sometimes require us to fib from time to time. So is honesty always the best way to go?

解释完概念，再举例说明如何进行主题结构分析和好的作文应具备的主题结构特点。先看一下下面两篇学生作文和就两篇作文进行的主题结构分析：

作文 1

Honesty is the Best Policy		主题结构分析结果如下所示：
I live my life by being brutally honest. If I am asked a question I will answer truthfully. Although there are times when you must say the partial truth. Most times the social rules we have stop us from sharing what we truly believe. Sensitive issues sometimes require us to fib from time to time. So is honesty always the best way to go?	1	I
	2	I
	3	times
	4	Most times
	5	Sensitive issues
	6	honesty
People that know me have come to realize that I am completely honest with them. But I do not think you can be that honest with someone until a comfort level with that person has been achieved. You do not just go up to someone and comment on how bad they are dressed, something like this can only be said to someone that knows you and knows that you mean no disrespect but are only just trying to help them. Honesty goes along with trust. It seems most people are only truly honest with people they know and have no problems lying to strangers, something I just cannot understand.	7	I
	8	you
	9	you
	10	Someone
	11	honesty
	12	most people
	13	I
	14	you
	15	you
	16	falsehood
I think it is easier to live life honestly. If you lie you have to remember not only the truth but the lie as well. This could cause problems if you encounter the person you are lying to on a regular basis. I have seen many problems arise from falsehoods. And I have lost much more because of the lies of others. To lie goes against my better judgment, so when I have a class of my own I will do my best to keep it honest.	17	I
	18	to lie
	19	I
	20	honesty
	21	I
	22	I
	23	working
	24	it
	25	people
	26	a balance
In an educational perspective, I think honesty should always be used. In my future classroom I want to be honest with the children at all times. I also expect my students to be honest with me. Working with children in the past has made me realize that children are honest in nearly all things that don't make themselves look bad. Even when they lie it is easy to tell a lie from the truth. If it were all up to me everyone would be honest all the time, yet I do not believe people are capable of accepting the truth all the time. A balance between honesty and deceit is what makes life a little bit easier.		

作文 2

Honesty is the best policy		主题结构分析结果如下所示：
What is universally acknowledged is that "Honesty is the best policy", while few of us have a good knowledge of the origin of the proverb. Actually, when little George Washington bravely admitted to have cut down his father's favorite cherry, instead of strict punishment, his father forgave him and said that honesty is the best policy, which turns out to be the motto of many people just like me. From my point of view, honesty is to human beings what water is to lives. First of all, the benefit of being honest is self-evident. Good reputation can be obtained for your honest quality. As a reliable person, dealing with you can be a pleasant thing. In the mean time, being honest strengthens your soul. Then, what about being dishonest? Well, just imagine what would be like if a man is accustomed to tell lies, that is to say, honesty means nothing to him. Once his dishonesty gets people in trouble or hurt their feelings. There is no doubt that people won't trust him any more in turn. As a consequence, his reputation is ruined by himself. What's worse, not only is the process of rebuilding far more difficult than ruining it, but also your guilty and depressed feelings are likely to have a bad effect on your life. From what has been discussed above, we may safely draw the conclusion that honesty is the best policy. As a university student, we should try our best to inherit the traditional excellent quality-honesty-and bring it to a greater height of development.	1 Honesty 2 origin 3 George Washington 4 his father 5 motto 6 honesty 7 benefit 8 Good reputation 9 dealing with you 10 being honest 11 being dishonest 12 a man 13 his dishonesty 14 people 15 his reputation 16 the process 17 feelings 18 honesty 19 we	

    从上面两个例子不难看出，作文 2 的主题结构比作文 1 更有深度，换言之，如果要使作文有深度，应该多采用递进式主题推进模式，避免使用过多的平行推进式。

3.2.3 衔接理论（Cohesion Theory）

衔接理论是用来揭示文本在语言形式层面上为了表达连贯的含义而使用语法和词汇手段加强句子间显性衔接的特征（Connor，1984）。所使用的语法手段包括指代（reference）、替代（substitution）、省略（ellipsis）和连接（conjunction）；词汇手段包括重复关系（Reiteration）、同义关系（Synonymy）和上下义关系（Hyponymy）。表 5 中是各种衔接手段的举例说明：

表5 衔接的分类

(Source: *Psychology of Language*, by David Carroll, 1999, 2007)

类　别	举　例
指代 (Reference)	
人称指代（Pronominal）	The woman lost track of her little boy at the mall. *She* became very worried.
指示指代（Demonstrative）	*That* was the worst exam I had all term.
比较指代（Comparative）	It's the *same* band we heard last week.
替代（Substitution）	My computer is too slow. We need to get a faster *one*.
省略（Ellipsis）	I wish I had more talent. My sister has a lot *more* than I do.
连接（Conjunction）	Melissa flunked out of school, *so* she is looking for a job.
词汇衔接（Lexical）　重复（Reiteration）	I saw a boy win the spelling bee. The *boy* was delighted afterward.
同义（Synonymy）	I saw a boy win the spelling bee. The *lad* was delighted afterward.
上下义（Hyponymy）	I saw a boy win the spelling bee. The *child* was delighted afterward.

3.2.4 三个理论的综合

使用以上的理论和概念进行批判性思维的培训时，三个理论的使用按照上面列出的顺序，最好先让学生打出草稿，然后运用三个理论逐个层面的修改：首先修改的是逻辑层面，注意论点明确、表述清晰，可以分为总论点和分论点，分论点必须与总论点联系紧密，前后一致，有创造性。论据翔实可靠，使用不同类型的与论点存在明显联系的数据、理论与事件支持论点。论证有理有力。然后进行修改的是语义连贯方面，注意句子间在主题上的衔接，或平行或递进或扩展式递进，实际操作会有一定难度，但成效会比较显著。最后是衔接手段层面，比较上面逻辑与语义连贯层面，衔接手段的理解与使用稍微简单些。使用这个模型的难点在于学生可能会哭着进去，笑着出来，由难到易，与人类由易到难的认知规律有所不同。所以，在使用模型之前，要先向学生解释清楚，鼓励学生迎难而上，坚持不懈。批判性思维是一种综合式多层次的思维活动，批判能力的培养任务是长期、艰巨、连贯和系统的。

4. 未来的研究方向

上文对批判性思维的定义作出了深度解析，然后简明地分析了笔者构建的模型与课堂教学活动的原理，接下来需要做的就是利用模型与原理在英语写作或演讲教学中进行实证研究。实证研究中一个重要问题就是测量的工具，以往多采用心理学有关批判性思维的测量工具，只是不同的测量工具适用于不同的情况、不同的人群，最重要的是满足不同的测量目的。使用本模型进行实证研究的目的是提高学生批判性语言能力，从而培养学生的英语口语与写作能力，所以测量学习效果的方式取决于语言教师。笔者建议教师在进行不同层面的作文修改后，分别根据同一个固定的评分标准，如托福考试分析性写作的评分标准，请几位对英语写作有兴趣的英语教师给学生不同的作文修改版本打分，然后进行简单的多组数据差异统计分析，可以发现学生写作质量的变化。以上提到的实证研究方法完全可以随堂进行，与课堂教学内容与目标融为一体，研究的信度与效度会有大大的提升。

参考文献

Adamson, H. D. *Academic Competence, Theory and Classroom Practice: Preparing ESL Students for Content Courses.* New York: Longman, 1993.

Atkinson, D. A critical approach to critical thinking in TESOL. *TESOL Quarterly*, 1997 (31): 77–94.

Atkinson, D. & Kaplan, R. B. A critical approach to critical thinking in ESL. Paper presented at the 28th Annual TESOL Convention, Baltimore, MD, 1994.

Bailin, S., Case R., Coombs, J. R. & Daniels, L. B. Conceptualizing critical thinking. *Journal of Curriculum Studies*, 1999 (31): 285–302.

Ballard, B. How critical is critical thinking? A generic issue for language in development. In T. Crooks & G. Crewes (eds.). *Language and Development*. Jakarta: Indonesia Australia Language Foundation, 1995: 150-164.

Belcher, D. Writing critically across the curriculum. In D. Belcher & G. Braine (eds.). *Academic writing in a second language: Essays on research and pedagogy.* 1995:135-154.

Benesch, S. Critical thinking: A learning process for democracy. *TESOL Quarterly*, 1993 (27): 545-547.

Clark, H. & Clark, E. *Psychology and Language.* New York: Harcourt, Brace, Jovanovich, 1977.

Connor, U. A study of cohesion and coherence in English as a second language students' writing. *Papers in Linguistics: International Journal of Human Communication,* 1984 (17): 301-316.

Connor, U. Linguistic/rhetorical measures for international persuasive student writing. *Research in the Teaching of English*, 1990 (24): 67–87.

Connor, U. Contrastive rhetoric: Cross-cultural aspects of second-language writing. *The Cambridge Applied linguistics Series.* Cambridge, U. K.: Cambridge University Press, 1996.

Eemeren, F. H. *Reconstructing Argumentative Discourse.* Tuscaloosa, Ala: University of Alabama Press, 1993.

Enkvist, N. E. Seven Problems in the Study of Coherence and Interpretability. In U. Connor & A. M. Johns, (eds.). *Coherence in Writing: Research and Pedagogical Perspectives.* Alexandria, VA: TESOL, 1990.

Facione P. A. & Facione N. C. *The California Critical Thinking Skills Test: Form A & Form B, CCTST Test Manual.* Millbrae, California Academic Press, 1994.

Fox, H. *Listening to the World: Cultural Issues in Academic Writing.* Urbana, IL: National Council of Teachers of English, 1994.

Gajdusek, L. & van Dommelen, D. Literature and critical thinking in the composition classroom. In J. G. Carson & I. Leki (eds.). *Reading in the Composition Classroom: Second Language Perspectives.* Boston: Heinle & Heinle, 1993: 197-218.

Gao, L. Examining Argumentative Coherence in Essays by Undergraduate Students of English as a Foreign Language in Mainland China and Their English Speaking Peers in the United States [D]. Ph.D Dissertation. Florida: Florida International University, 2012.

Gass, S. M. & Neu, J. *Speech Acts Across Cultures: Challenges to Communication in a Second Language.* Berlin: M. de Gruyter, 1996.

Halliday, M. A. K. & Hasan, R. *Cohesion in English.* London: Longman, 1976.

Hegelund, S. & Kock, C. A good paper makes a case: Teaching academic writing the macro-Toulmin way. In L. A. Bjo rk, (ed.), *Teaching Academic Writing in European Higher Education: Vol. 12. Studies in Writing.* Dordrecht, Netherlands: Kluwer Academic, 2003.

Lautamatti, L. Observations on the development of the topic in simplified discourse. In N. E. Enkvist & V. Kohonen (eds.). *Text Linguistics, Cognitive Learning and Language Teaching* (Publications de l'Association finlandaise de linguistique appliquee No. 22). Helsinki: Akateeminen kirjakauppa, 1978: 71-104.

Marzano, R. J., Brandt, R. S., Hughes, C. S., Jones, B. F., Presseisen, B. Z. & Rankin, S. C. *Dimensions of Thinking: A framework for Curriculum and Instruction.* Alexandria, VA: Association for Supervision and Curriculum Development, 1988.

Mohan, B, A. & Lo, W. A. Academic writing and Chinese students: Transfer and developmental factors. *TESOL Quarterly 19*, 1985 (3): 515-534.

Mohan, B. & van Naerssen, M. Thinking skills first, then language-in EAP. Paper presented at the 30th Annual TESOL Convention, Chicago, IL, 1996.

Proffetto-McGarth, J. 2003. The relationship of critical thinking skills and critical dispositions of baccalaureate nursing students. *Journal of Advanced Nursing 43*, 2003 (6): 569–577.

Ruszkiewicz, J. J. & Lunsford, A. A. *Everything's an Argument.* Boston, MA: Bedford/St. Martin's, 2004.

Saneh, N. Intercultural rhetoric in higher education: The case of Iranian students' textual practices in North American graduate schools, 2009 ProQuest Dissertations and Theses, n/a. Retrieved from http://search.proquest.com/docview/305128747? accountid=10901.

Schneider, M. & Connor, U. Analyzing Topical Structure in ESL Essays. *Studies in Second Language Acquisition*, 1991 (12): 411-427.

Toulmin, S. *The Uses of Argument.* Cambridge: Cambridge University Press, 1956/ 2003.

Watson, G. & Glaser, E.M. *Watson-Glaser Critical Thinking Appraisal Manuel.* New York: Harcourt Brace World Inc. 1964.

桂诗春. 应用语言学 [M]. 长沙：湖南教育出版社. 1988: 101-106.

英语演讲中阻碍批判性思维的表达错误

陈 辉

北京外国语大学英语学院

摘要： 批判性思维能力是大学生综合素质的重要组成要素，而培养学生的批判性思维能力已成为当今世界教育和教学改革中的重要目标之一。本文通过个案分析，探讨了某位选手在一次全国英语演讲比赛中各环节中的表现。我们发现选手因犯有阻碍其进行批判性思维活动的表达错误而缺少批判性思维。对此，本文剖析了中国学生在英语口语活动中出现"思辨缺席症"的原因，并对英语课程的设置提出了一些构想，从而将培养学生的批判性思维渗透于具体知识和技能的传授和训练过程之中。

关键词： 批判性思维；表达错误；英语演讲

1. 引言

在当今的全球化世界中，素质教育已成为世界各国教育改革的主要目标。培养学生的创新能力是素质教育的重要组成部分，而批判性思维又是创新思维的核心部分（Paul & Elder，2005；李瑞芳，2002；武宏志，2004）。因此，培养学生的批判性思维能力便成为培养学生的创新能力、提高学生素质的有效途径。

美国教育委员会于 1972 年对 4 万名教师做了一个调查，其中 97% 的教师认为，培养学生的批判性思维是大学本科教育最重要的目的（Gardiner，1994）。1998 年世界首届高等教育会议发表了《面向二十一世纪高等教育世界宣言：观念与行动》，其第五条"教育方式的革新：批判性思维和创造性"指出："……为实现这些目标，课程需要改革以超越对学科知识的简单的认知性掌握，课程必须包含获得在多元文化条件下批判性和创造性分析的技能，独立思考、集体工作的技能"[1]。

我国高等学校英语专业教育人士也意识到了培养学生的批判性思维的重要性。《高等学校英语专业英语教学大纲》（2000）明确指出："加强学生思维能力和创新能力的培养。专业课教学中要有意识地训练学生分析与综合、抽象与概括、多角度分析问题等多种思维能力以及发现问题、解决问题等创新能力。在教

---

[1] 《面向二十一世纪高等教育宣言：观念与行动》（草案）详见中华人民共和国教育部网站：http://www.moe.gov.cn/publicfiles/business/htmlfiles/moe/moe_236/200409/712.html。

学中要正确处理语言技能训练和思维能力、创新能力培养的关系，两者不可偏废。"由此可见，培养学生的批判性思维已成为高等教育的重要任务之一。

2. 文献回顾

2.1 批评性思维的定义和内涵

"批判性思维"（Critical Thinking）的现代概念可追溯到 John Dewey 提出的"反省性思维"，其核心内容为"能动、持续和细致地思考任何信念或被假定的知识形式，洞悉支持它的理由及其进一步指向的结论"（1933）。美国批判性思维运动的开拓者 Robert Ennis（1962）最先对批判性思维进行了定义，并在这之后更新了批判性思维的定义："为决定相信什么或做什么而进行的合理的、反省的思维"（Ennis，1991）。

众多学者根据自己的研究目的，从不同的角度也对批判性思维提出了自己的看法（Lipman，1991；温明丽，1998；Paul & Elder，2001）。由于各学者对批判性思维的定义众说纷纭，美国哲学学会于 1990 年在《德尔菲报告》（The Delphi Report）（Facione，1990）中对批判性思维给出了一个权威而全面的定义："我们将批判性思维理解为有目的的、自我调节的判断。它导致的结果是诠释、分析、评估和推论，以及对这种判断所基于的证据、概念、方法、标准、语境等问题的说明"（武宏志等，2010）。

2.2 关于批判性思维的研究

到目前为止，国外学者对批判性思维已进行了多方面的研究和诠释，并逐步建立了不同的理论框架（Ennis，1985；Facione，1990；McPeck，1981；Paul & Elder，2001，2002）。其中比较有代表性的是《德尔菲报告》（Facione，1990）和美国批判性思维运动的创始人 Richard Paul 和 Linda Elder（2001；2002）提出的模型理论。

以 Facione（1990）为代表的《德尔菲报告》认为，批判性思维是由批判性精神和批判性思维技能两个维度组成。由于批判性思维具备技能维度，我们才可以通过这一技能的训练来培养自己的批判性思维。Richard Paul 和 Linda Elder 提出的模型理论则为我们如何在学习、生活、沟通和工作中运用批判性思维来解决问题提供了很多非常具体而实用的建议。这一模型理论主要有三个概念，即思维推理的要素、评价标准和思维特性。

由于批判性思维运动的兴起，国外不少学者开始了如何测量批判性思维能力的研究，如 California Critical Thinking Dispositions Inventory（CCTDI），California

Critical Thinking Skills Test（CCTST）、Cornell Critical Thinking Test（CCTT）、The Critical Thinking Assessment Test（CAT）、ETS Tasks in Critical Thinking 等都是比较有名的测试工具。Stein、Haynes 和 Unterstein（2003）对这些不同测试题的类型和缺点进行了比较。

相比之下，国内学者对批判性思维的研究主要集中于介绍国外学者对批判性思维研究的成果（何云峰，2000；刘儒德，2000；李瑞芳，2002；武宏志，2004），或是探讨大学生缺乏批判性思维的原因以及应采取的补救措施（罗清旭，2000；李瑞芳，2002；左洪亮，2004）。而英语教学这一领域，不少学者探讨了如何通过设计英语阅读（李惠胤，2006；韩少杰、王小英，2009；席旭琳，2009）、英语写作（曲卫国，2006；韩少杰、易炎，2009；李莉文，2011）或英语口语（文秋芳，1999；谢遐均，2006；苏小青，2010）等课堂活动来培养学生的批判性思维。

通过回顾文献，我们可以看到以前的研究主要关注的是如何培养和测量我们的批判性思维，并将其运用于我们的生活、学习和工作中，但到目前为止还很少有学者来研究是什么样的错误阻碍了我们进行批判性思维活动。而 Vincent Ryan Ruggiero（2008）提出的一系列阻碍我们进行批判性思维活动的错误为我们从一个不同的角度来研究批判性思维提供了一个有效的理论框架。

2.3 阻碍批判性思维的错误

Vincent Ryan Ruggiero（2008）列举了在不同的思维阶段阻碍我们进行批判性思维活动的错误，包括立场错误（errors of perspective）、程序错误（errors of procedure）、表达错误（errors of expression）和反应错误（errors of reaction）。

立场错误将影响我们评价问题的态度和习惯，并造成我们思想上的偏执，这些立场错误在我们解决任何问题之前就已经阻碍了我们进行批判性思维。程序错误是我们在解决具体问题的过程中出现的错误。表达错误是我们在向其他人口头或书面表达自己的观点或看法时所犯的错误。反应错误发生在我们在表达了自己的观点和看法，其他人对其进行批评或质疑之后。本文只关注"表达错误"这一类，因为这一类错误是出现在英语说话者在表达自己观点的过程之中，因而更具有研究意义。

3. 研究方法

本文将根据 Vincent Ryan Ruggiero（2008）列举的表达错误，分析某位选手在一次全国英语演讲大赛总决赛中的表现，探讨选手名次不佳的原因是否与选手在演讲过程中出现了阻碍其批判性思维的表达错误有关。用于分析的数据来自于英语说话者用英语进行演讲这一情境下的表现，因为这样的场合更要求说话者具备批判性思维。

本届总决赛的演讲主题是 Living with Globalization: Learn to Compete in the Global Era。总决赛分为半决赛和决赛两个阶段，形式均分为已备演讲、即席演讲和现场问答三个部分。

4. 英语演讲中阻碍批判性思维的表达错误

4.1 转移议题（changing the subject）

为了避免回答某个尴尬或有关隐私等不恰当的问题而转移议题是选手常用的一种技巧。但如果最初的话题恰当，而陈述者将正在讨论的话题突然转移到了一个不同的方向，那便是一种错误，而最终破坏了讨论的目的。

例 1：

Well, food is the oil … To those who just had breakfast … and I'm positive about the future[2] .

选手在"现场问答"环节回答评委的一系列问题时，虽然直接回答了评委的第一个问题"I wonder, do you think, maybe, is food the new oil?"，但没有任何进一步的解释。更糟糕的是，选手对后面的一系列问题只字未提，而是将话题引到了与评委问题不太相关的方面：如何面对饥饿、如何帮助非洲人、如何解决粮食短缺问题。连选手的指导老师都意识到了"选手对后面两个问题的回答能力欠佳，特别是最后一个问题，选手似乎未能准确理解问题"（疯狂英语，2008）。

4.2 自相矛盾（contradiction）

自相矛盾的特点是陈述者在同一时间内以同样的方式作出既真又假的陈述，也就是陈述者对某一事物的说法前后自相矛盾。

例 2：

Well, of course we want to be part of the trend toward *progress*.

在这里，选手认为"globalization"是"人类走向进步的一种趋势"，可选手过去和现在都认为"globalization"带给我们的是一个"a homogeneous and boring global village"。

2　例子中的划线部分表示的是属于正在被讨论的那类错误。同时，由于受篇幅的限制，正文中的例子没有把整个文字内容呈现出来，整篇文字内容详见附录。

例 3：

While standing steadfast against ... benefit from a worldwide market for their handicrafts.

既然阿米什人"在坚定地与全球化趋势相抗争"，那他们又如何"通过把自己的手工艺品卖到全球市场而从中受益呢？"

例 4：

The second point is, I believe, we are fragile ... And fifty percent of the college students have to battle depression.

"年轻而又充满激情"的 80 后怎么又是"脆弱的"、"要和抑郁作斗争"呢？而且，选手认为"80 后的年轻人是抑郁和脆弱的"，这和她在前面提到的"80 后的年轻人有着愉快的天性"(happy nature) 也是自相矛盾的。

例 5：

The third quality, I believe, [is that] we are courageous.

80 后的年轻人是"脆弱"和"勇敢"的。从某种意义上来说，这两个特点是自相矛盾的。

选手的回答多次出现自相矛盾的论断，容易给听众留下思路不清晰的印象：(1) 在选手看来，到底什么是"globalization"？它到底是一种进步，还是一种退步？(2) 选手在"即席演讲"环节，几乎没有什么时间来仔细思考评委的问题和斟酌自己的语言。选手所描述的"充满激情的、既脆弱、抑郁而又勇敢的"80 后一定给听众带来了不少的困惑。

4.3 循环论证（arguing in a circle）

循环论证的特点是陈述者以一种不同的形式来重复证明一个陈述。为了避免这一错误，陈述者必须查证自己是否只是仅仅在用不同的词语来陈述自己的观点和想法。

例 6：

The first one, apparently [is that] we are young. Youth is ... and the lost enthusiasm wrinkles your soul. Well, we are young doesn't mean ... because we still possess this kind of enthusiasm.

例 7：

We're not afraid of making mistake ... Well, I'm not saying ... I'm not mistake of making mis ... In the semi-final ... I learn[t] from that.

例 8：

But, if those people ... we should also help them because globalization is meant to bring people … to help our fellow citizens to live at a similar standard(s).

例 9：

And, indeed, I believe some ... those ... those of us … should help those who are still struggling … in this world. Much should be done … to tackle those problems instead of … And I believe … are doing something and I'm positive about the future.

从以上例子中，我们可以看到选手在回答相应的问题时，经常在循环论证或者重复某些观点，使得语言啰嗦而不简练。

4.4 无意义的陈述（meaningless statement）

无意义的陈述指的是陈述者提出的用来支持自己想法和观点的理由是无用和没必要的，是对无道理的理由所作出的说明。为了避免出现这类错误，陈述者在作出某一陈述时，有必要问自己："我的确是在做有意义的陈述吗？"

例 10：

Have you ever been hit by lightning? Probably not. And trust me, you wouldn't want to be, as we all know that lightning can kill.

听众肯定很困惑，选手通过后面的陈述到底想证明什么呢？

例 11：

While standing steadfast against ... benefit from a worldwide market for their handicrafts.

阿米什人在坚定地反对全球化潮流的同时，又为何愿意通过把自己的手工艺品卖给全球市场而从中受益？选手的立场到底是什么？

例 12：

The Amish craftsman … and I win too. Sometimes I turn out [off] the light … illuminated by candlelight.

选手通过后面的陈述是想证明"因为我买了阿什米人制作的烛台，所以我赢了"？

例 13：

More and more clearly, we see our neighbors and distant friends.

难道"我们越来越清晰地看到我们的近邻和远朋"也是"globalization"的特征之一吗？

例 14：

I remember last October I was in Hong Kong Ocean Park … as we grow up and move on.

选手想通过这个例子来证明"我们年轻，因为我们对生活充满了激情"，但听众从这个例子中更多的感受到的是"我们拥有一颗好奇心和一种冒险精神"。

例 15：

Now we're doing [at] the major transition time … going to lead [bring] us down.

不知道选手在回答后半部分和前半部分时所表达的观点有什么联系，不明白选手到底想论证什么样的观点。

例 16：

Well, I'm not saying that … to survive for very long.

这两个例子难道能证明"我们不怕犯错误"吗?

例 17：

And after learn[ing] that, now I know. And I know which is the right side which [that] the rest of the world want[s] me to enter.

选手突然从"我知道了哪边才是正确的"引申到了"（我知道哪边）是这个世界的其他人希望我进入的"，让听众感觉很突兀，不知道选手正在谈论的就是她所说的"舞台的方向"，还是她将来的"人生之路"。

例 18：

If some people choose to live … because globalization is tolerant.

"如果有人选择不用电的生活方式"和"全球化意味着宽容"之间是没有关系的。根据选手之前的观点，它应该是因为"有人不受全球化的影响，仍然保持有个性的生活方式"。

例 19：

But, if those people, who cannot bear … because globalization is meant to … We have to make sure that no one is left.

我们去帮助那些负担不起电费的人难道是因为"全球化的意义在于帮助那些落后于我们的人，使所有人都生活在基本相同的标准之下"?

例 20：

We used to be unknown … But I believe … and became courageous.

听众一定不明白选手所表达的"我们最终会找到回归主流的道路"和"我们对所面临的世界一无所知"以及"我们会变得勇敢"之间有什么关联。

例 21：

Take an example … it's widely accepted by all (of) the world.

选手想通过"我很喜欢《变形金刚》这部电影"和"这部电影已被全世界接受"这些事实来证明什么呢?

例 22：

Much should be done … or be[ing] scared by them. We should never admit defeat.

And I believe … I'm positive about the future.

　　选手在谈到我们应如何帮助那些面临粮食短缺问题的人们时突然提到"我们应该永不言败",听众不知其目的是什么。

　　综上所述,我们发现,选手所作的"无意义的陈述"多出现在选手通过举例来论证自己的观点之时。这类错误的出现使听众觉得选手采用的例子总是不那么贴切,不太明白选手想通过这些例子来证明什么,以至于这些例子总不能有力地来支持选手想表达的观点。

4.5 误用权威 (mistaken authority)

　　出现误用权威的错误是因为陈述者把权威归属于并不拥有这一权威的人。为了避免误用权威,陈述者有必要查证被自己作为权威来引用的消息来源确实拥有在被谈论的某一特定主题的专业知识。

　　例 23:

Oscar Wilde observed that "Most people are other people. Their thoughts are someone else's opinions, their lives a mimicry, their passions a quotation."

　　选手用了奥斯卡·王尔德的一句名言来论证这样的一个观点——因为全球化使我们的生活方式走入了一个单一的模式,而在这一大环境下我们要保持个性或者保持带有个性的生活方式是多么的重要。这句名言来自于王尔德的《自深深处》(*De Profundis*),是王尔德被羁押在雷丁监狱期间写给他的同性恋伙伴波西(Bosie)的一封长信。王尔德在信中阐述了自己的艺术观和生活观,以及他对道格拉斯的爱恨情愁。

　　选手犯了"误用权威"的错误,因为王尔德谈论的并不是"全球化"问题,也不具备关于"全球化"这一方面的专业知识。选手断章取义地把这句名言用在了一个不恰当的地方,反而使这句名言的作用显得突兀而尴尬。

4.6 错误类比 (false analogy)

　　通过类比,陈述者可以用一个不同但我们比较熟悉的事物来解释另一个我们比较陌生的事物。陈述者运用类比的前提是这两者之间的相似之处是真实和合理的,否则就会出现错误类比的情况。

　　例 24:

However, the fact that fire and light [electricity] coexist in this world … for the future.

　　选手演讲的标题是"Electricity and Fire",选手用"fire"来比喻"属于自己的个性之火"(the glow of our own fires;the light of our true selves),但用"electricity"

来比喻 globalization，还是指阿米什人拒绝使用的 "electricity" 呢？实际情况是，选手更多的时候是用 "light" 来进行类比的。其实，选手用 "Electricity and Fire" 来类比 "全球化和保持个性或保持带有个性的生活方式" 之间的关系很牵强，一是听众不明白 "electricity" 与 "fire" 之间的关系是什么；二是 "Electricity and Fire" 与 "全球化和保持个性或保持带有个性的生活方式" 之间并不存在真实和合理的相似之处。因此，选手用 "Electricity and Fire" 来作为演讲的标题是不恰当的。

例 25：

These days, everyone is talking about globalization … how to win the game.

选手把 "globalization" 类比成 "game"，相信听众理解起来是有一定难度的。

例 26：

Globalization is not a prison, built to deprive us of our choices.

选手将 "globalization" 与 "prison" 进行类比，本身就缺乏合理性。

例 27：

Just like the Amish, we can benefit from globalization … by the glow of our own fires—the light of our true selves.

选手用 "the glow of our own fires" 和 "the light of our true selves" 来比喻 "在全球化的大环境下，我们要保持个性或者保持带有个性的生活方式"，彼此之间并无相似性。而且，选手在前面也表达了 "fire and light coexist in this world" 的观点，这里的 "light" 指的是什么？那标题中的 "electricity" 又指的是什么？

4.7 非理性的诉求（irrational appeal）

非理性的诉求所表现出来的是陈述者出于一些并无合理性的理由而去接受某一思想，而批判性思维要求陈述者判断哪些诉求是理性的，哪些是非理性的。如果某一诉求的后面有一个能使自己接受这一诉求的合理解释，那么这个诉求就是理性的，否则这个诉求就是非理性的。

例 28：

(And) don't you think this is an extremely unfair question … but I'm only allowed to name three.

选手认为评委提出的这个问题 "太不公平"，是因为她只能用三个字来概括 80 后这一代的特点——这个诉求是非理性的。

例 29：

So, since I'm on a [the] stage, (and) I'm (just) going to [just] name three.

选手表达的是，"所以，既然我现在站在台上，那我也就说说其中的三个。"

这种解释是不合理的，其实导致这一错误的原因应该是选手在语言上的用词不当。

例 30：

We're not afraid of making mistakes ... <u>in which case I'm not going to survive for very long</u>.

选手提到如果"我毫不畏惧地从错误的方向冲到马路上或者将我们的手指放入滚烫的开水中"，那么"我是不可能活得长久的"。听众在听到这样的解释时一定会哑然失笑。

通过分析选手在各环节中的表现，我们发现选手犯了所有的"表达错误"。因此，我们认为选手是缺乏批判性思维的，给听众和评委造成的印象是：定义模糊、例子不够贴切、思维不够清晰、前后论点矛盾、偶尔跑题、反复论证（语言啰嗦）。本文的结果也验证了高一虹（1999）通过分析一次失败的演讲比赛得出的结论：外语专业的学生缺乏批判性思维能力。

5. 存在的问题及应对措施

在目前的英语教学中，教师主要强调培养学生的听、说、读、写、译等语言技能，而忽略了学生批判性思维的培养。首先，传统的英语教学模式，即教师讲解——学生操练——学生输出的课堂模式，表现为课堂活动以老师为主，学生为辅，教学形式单一而僵化，学生被动地接受、吸收和储存知识，很少主动地发现问题、提出问题，然后解决问题。这种教学模式使得"多年来，我国英语专业教学一直存在着重语言能力训练、轻思维能力培养的倾向"（文秋芳、刘润清，2006）。

其次，英语一直被当作是用来与外国人交流的一门工具，其中不少英语说话者扮演着"翻译"这一角色，而这样的角色不要求英语说话者具备批判性思维。因此，大多数英语说话者没有养成主动去思考问题、分析问题和解决问题的习惯，缺乏一定的批判性思维能力，即"思辨缺席症"[3]（黄源深，1998；何其莘等，1999；高一虹，1999；彭青龙，2000；文秋芳，2001；胡文仲、孙有中，2006）。值得庆幸的是，这一现象已引起教育人士的关注。

为了避免"思辨缺席症"，首先，教师和学生都要改变观念，意识到批判性思维在我们的学习、生活和工作中的重要性（何其莘等，1999）；其次，教师有

---

3 "思辨缺席症"中的"思辨"指的就是"批判性思维"。Critical Thinking 被有的学者翻译成"思辨"。为了和目前比较流行的"思辨缺席症"这一说法保持一致，本文仅在这里和后面相关处采用了"思辨"这一说法。

必要完善和改进传统的英语教学模式和课程设计，将教学内容、教学安排、课堂活动设计、课后练习等环节与批判性思维培养相融合，有意识地培养学生的批判性思维。

然而，培养学生的批判性思维不是一朝一夕就能完成的。因此，培养学生的批判性思维的最佳途径并不是将其作为一个独立的学科或课程来教授，而是将对批判性思维的培养渗透在各个课程的教学中（Ennis，1989；罗清旭，2001；洪淑媛 2003）。具体来说，教师在英语教学中就有必要将思维能力的培养渗透于具体知识和技能的传授和训练过程中（高一虹，1999；李莉文，2010）。

对此，英语界的教育人士对现有的大学英语专业的课程设置提出了改革的思路：首先，压缩语言技能课程（文秋芳、周燕，2006；孙有中，2008；李莉文，2010；黄源深，2010），替而代之的是"以内容为依托"式的课程（常俊跃等，2009），最后是与语言学、文学、文化或国别研究有关的专业课程（文秋芳、周燕，2006；孙有中、金利民，2010）。

文秋芳（2008）认为口头表达课中较高的教学活动应该包括对某一主题进行演讲或对不同的观点进行辩论。从实用性和可操作性来看，我们认为为了提高学生的口语表达能力和批判性思维，专门开设"英语辩论"课程，将培养学生的批判性思维这一任务渗透到课程的教学活动中，不乏是一个非常有效和可行的方法。现已有一些高校在不同的阶段为英语专业的学生开设了"英语辩论"课程，替代了传统的"英语口语"课程，将培养学生的批判性思维能力作为课程中很重要的一项训练内容，效果显著（刘艳萍，2010）。

6. 结语

Vincent Ryan Ruggiero（2008）的理论对我们培养学生的批判性思维有着重要意义，它可以帮助诊断哪些因素阻碍了我们进行批判性思维活动，并对此采取相应的措施。批判性思维是素质教育的重要组成部分，它不是与生俱来的，是可以通过后天培养获得的。将培养学生的批判性思维这一重要任务结合到有效的课堂教学中是素质教育不断努力的目标。大学英语辩论课的开设在为学生提供一个学习语言的平台的同时，更是一个培养学生的批判性思维的有效捷径。

参考文献

Dewey, J. *How We Think: A Restatement of the Reflective Thinking to the Educative Process* [M]. Boston: D.C. Health & Company, 1933.

Ennis, R. H. A concept of critical thinking [J]. *Harvard Educational Review,* 1962 (1): 81-111.

Ennis, R. H. A logical basis for measuring critical thinking skills [J]. *Educational Leadership,* 1985 (2): 44-48.

Ennis, R. H. Critical thinking and subject specificity: Clarification and needed research [J]. *Educational Researcher,* 1989 (3): 4-10.

Ennis, R. H. Critical thinking: A streamlined conception [J]. *Teaching Philosophy,* 1991 (1): 5-25.

Facione, P. A. *Critical Thinking: A Statement of Expert Consensus for Purposes of Educational Assessment and Instruction* (*The Delphi Report* Executive Summary) [M]. Millbrae, California: The California Academic Press, 1990.

Gardiner, L. F. Redesigning higher education: Producing dramatic gains in student learning [J]. *ASHE – ERIC Higher Education Report Series* (7): 94–97. Jossey–Bass, Inc. Publication, John Wiley & Sons, Inc, 1994.

Lipman, M. *Thinking in Education* [M]. Cambridge: Cambridge University Press, 1991.

McPeck, J. E. *Critical Thinking and Education* [M]. Oxford: Martin Robertson, 1981.

Paul, R. & Elder, L. *Critical Thinking: Tools for Taking Charge of Your Learning and Your Life* (1st ed.) [M]. New York: Pearson Education, Inc, 2001.

Paul, R. & Elder, L. *Critical Thinking: Tools for Taking Charge of Your Professional and Personal Life* [M]. New York: Pearson Education, Inc, 2002.

Paul, R. & Elder, L. *Critical Thinking Competency Standards* [M]. Dillon Beach, California: Foundation for Critical Thinking, 2005.

Ruggiero, Vincent R. 超越感觉：批判性思考指南（Beyond Feeling: A Guide to Critical Thinking)(8th ed.）[M]. 顾素、董玉荣译. Shanghai: Fudan University Press, 2010.

Stein, B., Ada F. Haynes & Jenny Understein. Assessing Critical Thinking [R]. Paper presented at *SACS Annual Meeting in* Nashville, Tennessee, December 2003.

常俊跃、刘晓棠、邓耀臣. 内容依托式教学改革对英语专业学生阅读理解能力发展的影响分析 [J]. 中国外语, 2009（3）：40-53.

疯狂英语编辑部（编). 第十三届"21世纪·联想杯"全国英语演讲比赛总决赛 [C]. 南昌：江西教育音像电子出版社，2008.

高等学校外语专业教学指导委员会英语组（编). 高等学校英语专业英语教学大纲（修订版）[C]. 北京：外语教学与研究出版社，2000.

高一虹. 外语学习木桶的"短板"——从一次失败的演讲谈起 [J]. 国外外语教学, 1999（3）：6-9.

韩少杰、王小英. 英语专业精读教学与学生批判性思维能力的培养 [J]. 外语教学, 2009(6)：67-70.

韩少杰、易炎. 英语专业写作教学与批判性思维能力的培养 [J]. 外国语言文学, 2009(1)：24-28.

何其莘、殷桐生、黄源深、刘海平. 关于外语专业本科教学改革的若干意见 [J]. 外语教学与研究, 1999 (1)：24-28.

何云峰. 论批判性思维 [J]. 社会科学辑刊, 2000 (6)：15-18.

洪淑媛. 批判性思维教学的理论与实践初探 [J]. 广州大学学报（社会科学版）, 2003(1)：84-87.

胡文仲、孙有中. 突出学科特点，加强人文教育——试论当前英语专业教学改革 [J]. 外语教学与研究, 2006 (5)：243-247.

黄源深. 思辨缺席 [J]. 外语与外语教学, 1998 (7)：1.

黄源深. 英语专业课程必须彻底改革——再谈"思辨缺席"[J]. 外语界, 2010 (1)：11-16.

李惠胤. 英语教学中培养学生批判性思维的探索——以综合英语课Viewpoint为例 [J]. 广东外语外贸大学学报, 2006 (2)：86-89.

李莉文. 试析英语专业技能课程与批判性思维能力培养的关系 [J]. 中国外语, 2010 (6)：68-73.

李莉文. 英语专业写作评测模式设计：以批判性思维能力培养为导向 [J]. 外语与外语教学, 2011 (1)：31-35.

李瑞芳. 外语教学与学生创造性和批判性思维的培养 [J]. 外语教学, 2002 (5)：61-65.

刘儒德. 论批判性思维的意义和内涵 [J]. 高等师范教育研究, 2000 (1)：56-61.

刘艳萍. 思辨能力培养与英语辩论课——一位美国教师在华教学的个案研究 [J]. 外语艺术教育研究, 2010 (1)：46-50.

罗清旭. 论大学生批判性思维的培养 [J]. 清华大学教育研究, 2000 (4)：81-85.

罗清旭. 批判性思维的结构、培养模式及存在的问题 [J]. 广西民族学院学报（自然科学版）, 2001 (3)：215-218.

彭青龙. 思辨能力与创新——口语课堂上的演讲、辩论初探 [J]. 外语界, 2000 (2)：39-44.

曲卫国. 微观层面的批判性思维和写作程序训练 [J]. 中国外语, 2006 (2)：47-55.

苏小青. 大学口语课中批判性思维的培养 [J]. 咸阳师范学院学报, 2010 (2)：123-125.

孙有中. 前言 [A]. 载孙有中（编）, 英语教育与人文通识教育 [C]. 北京：外语教学与研究出版社, 2008.

孙有中、金利民. 英语专业的专业知识课程设置改革初探 [J]. 外语教学与研究, 2010 (4)：303-305.

温明丽. 批判性思考教学——哲学之旅 [M]. 台北：台湾师大书苑有限公司, 1998.

文秋芳. 口语教学与思维能力的培养 [J]. 国外外语教学，1999（2）：1-4.

文秋芳. 从全国英语专业四级口试看口语教学 [J]. 外语界，2001（4）：24-28.

文秋芳. 输出驱动假设与英语专业技能课程的改革 [J]. 外语界，2008（2）：2-9.

文秋芳、刘润清. 从英语议论文分析大学生抽象思维特点 [J]. 外国语，2006（2）：49-58.

文秋芳、周燕. 评述外语专业学生思维能力的发展 [J]. 外语学刊，2006（5）：76-80.

武宏志. 论批判性思维 [J]. 广州大学学报（社会科学版），2004（11）：10-16.

武宏志、周建武. 论批判性思维——论证逻辑视角（修订版）[M]. 北京：中国人民大学出版社，2010.

席旭琳. 基于批判性思维的英语阅读教学 [J]. 中国成人教育，2009（12）：132-133.

谢逦均. 英语口语活动中思辨能力的培养 [J]. 西北医学教育，2006（4）：450-452.

左洪亮. 努力培养大学生的批判性思维能力 [J]. 江苏高教，2004（6）：93-94.

附录：演讲稿

Electricity and Fire

Good morning, ladies and gentlemen,

【例 10】Have you ever been hit by lightening? Probably not. And trust me, you wouldn't want to be, as we all know that lightening can kill. However, when Benjamin Franklin pulled electricity from the sky with a kite and a string, he could never have imagined that 250 years later electrical wires would power the world and connect us all. Today, my face is illuminated by spotlight; my voice is magnified by a microphone. And when I finish this speech, I will call my mom on my cell phone. Lights, computers, cars ... progress engulfs us like an irresistible tide.

However, electricity has not illuminated every nook and cranny of the globe. Away from the seemingly almighty electrical powers, there is a group of people in North America called the Amish who do not use electricity at all. Are they ignorant? I don't think so. Are they too poor to use electricity? No, they could afford it if they wanted to. They live without electricity by choice.

I didn't know, or rather, 1 couldn't believe that a lifestyle so different from most of ours could be left alone, tolerated and preserved. I used to worry that the forces of globalization would create a homogeneous and boring global village. A luxurious lifestyle with iPods and flat screen TVs held up as the exclusive ideal. 【例 24】However, the fact that fire and light [electricity] coexist in this world provides us with a more diverse and more beautiful model for the future.

【例 25】 These days, everyone is talking about globalization-the impact of it, how to deal with it, and how to win the game. 【例 2】 Well, of course we want to be part of the trend toward progress. But we should never forget that there is no one absolute truth, no single model that works for everyone.

【例 26】 Globalization is not a prison, built to deprive us of our choices. We don't have to change everything about ourselves just to be a vital part of a larger community. Oscar 【例 23】 Wilde observed that "Most people are other people. Their thoughts are someone else's opinions, their lives a mimicry, their passions a quotation." But not the Amish. They have chosen their own path and are following it with integrity in a horse and buggy. I don't think they are losers though. 【例 3/ 例 11】 While standing steadfast against the tide of globalization, they now also benefit from a worldwide market for their handicrafts. Not long ago, I bought an Amish candlestick holder on the Internet. 【例 12】 The Amish craftsman who sold this to the Internet merchant wins, and I win too. Sometimes I turn out [off] the light and lie on my bed, thinking, illuminated by candlelight. The light of globalization has exposed us a bigger world. 【例 13】 More and more clearly, we see our neighbors and distant friends. More and more clearly, we realize how unique we still can be. 【例 27】 Just like the Amish, we can benefit from globalization and still strive to be noticed and remembered by the glow of our own fires—the light of our true selves.

Thank you.

Impromptu Speech

Host: Thank you. Contestant No. 4. I'm sure you're post 80s generation?

Contestant: Yes. I am.

Host: Okay. So this is a ... your topic for the impromptu speech. Could you wrap up the characteristics of your generation in three words, and please tell us why do you choose these three words?

Contestant: Okay, thanks.

Host: Alright.

Contestant: Thank you. Ladies and gentlemen, and dear audience. I believe most of you are from the 80s generation. 【例 28】 (And) don't you think this is an extremely unfair question? Love, humor, passion, pity, happy nature; we have so many good natures, but I'm only allowed to name three. 【例 29】 So, since I'm on a [the] stage, (and) I'm (just) going to [just] name three.

【例 6】 The first one, apparently [is that] we are young. Youth is not the rosy cheeks, (it's) not [the] red lips. Time wrinkles your skin and the lost enthusiasm wrinkles your soul. Well, we are young doesn't mean, well, indeed, we sing in the shower and we cry for the movies. But to a greater extent we are young because we still possess this kind of enthusiasm. We have this lure of wonder, this never-ending excitement from not knowing what is coming next, no matter good or bad. 【例 14】 I remember last October I was in Hong Kong Ocean Park. It is [was] during the Halloween, so there is [was] a ghost carnival. And I remember it's deep at night and it's very dark, misty, spooky all around, and I was there with a group of girls. We never know [knew] if we ... we are [were] going to turn around a corner and see a ghost that would scare us, or a fairy (tale) is [was] going to give us a candy. Well, indeed, we were terrified, we were screaming, we were shouting, but we didn't stop. I believe this is just like the attitude in my life. In a new soul in this completely new world, I don't know when some accident [will happen] or someone is (just) going to attack us, but we don't want to stop, because this youth and enthusiasm that live[s] inside us will tell us to never stop as we grow up and move on.

【例 4】 The second point is, I believe, we are fragile, and we're not afraid to admit it. According to survey, the majority of those people committed suicide are young people. Ten percent of the college students have seriously considered killing themselves. And fifty percent of the college students have to battle depression. I used to be depressed and I know how (does) it feel[s]. It is hard and it is okay, it is totally understandable. 【例 15】 Now we're doing [at] the major transition time in our life, when in which all of my [our] dreams, if possible, can come within our reach, and when in which, if you [we] make the wrong turn in the crossroad, it could lead you [us] to chaos. So, to those who succumbed, they are victims, but they('re) have nothing to be ashamed of. And to those who didn't gave [give] up, we are winners. And I believe in the future nothing is going to lead [bring] us down.

【例 5】 The third quality, I believe, [is that] we are courageous. 【例 7】 We're not afraid of making mistakes. 【例 16/ 例 30】 Well, I'm not saying that we are not afraid of rushing into[onto] the road from the wrong side or stick[ing] our finger into a pot of boiling water, in which case I'm not going to survive for very long. I'm not mistake of making mis ... We're not afraid of making mistakes and learn[ing] from them. In the semi-final, I exit[ed] the stage from the wrong side. 【例 17】 And after learn[ing] that, now I know. And I know which is the right side which [that] the rest of the world want[s] me to enter. So, I learn[t] from that. That's it, that's our generation and thank you.

Questions and Answers

Judge A: Thank you, Contestant No.4.

Contestant: Thank You.

Judge A: You mentioned a group of people in North America called the Amish …

Contestant: Yes.

Judge A: … who have chosen not to live with electricity. And I wonder what would you recommend to avoid certain groups in Chinese society being inadvertently left in the dark?

Contestant: Well, thank you. Indeed there are certain groups in China that (they) live without electricity but unfortunately, this is not their choice. Beca … because they can't afford it. Well, I believe we should respect everyone's choice. 【例 18】 If some people choose to live without electricity, like the Amish people, we respect them, we leave them alone, because globalization is tolerant. 【例 8/ 例 19】 But, if those people, who cannot bear living without this advantaged … this advantage [advanced] technology, we should also help them because globalization is meant to bring people, who are failing behind us, along with us, to meant … to make every people [person] live at almost the same standard. We have to make sure that no one is left. So I believe the government should do something. It's part ... part of their responsibility to invest in these pooral [poorer] areas and to make ... sure that they're having a standard life. And also, the rest of the people, maybe we should consider donate [donation] or volunteer to help our fellow citizens to live at a similar standard (s). Thank you.

Judge B: Thank you, Contestant No. 4.

Contestant: Thank you.

Judge B: … for telling us what you think about your generation. Being young, your generation naturally has most of your life before you. What challenges do you feel your generation faces and how do you plan to meet them?

Contestant: Thank you. I believe the biggest challenge for our generation is the unknown world, because, for a long time, we were told from [by] our parents or teachers what it's going to be like when you come into ... in[to] your thirties or forties. But we don't know. It's like, I think it's the same to [for] every generation. 【例 20】 We used to be unknown and a little scared, but more excited to the world … to the world we're facing (with). But I believe, gradually, as time goes on, we will find our way into the mainstream and became courageous. 【例 21】 Take an example, I believe most of you have seen the movie, Transformer[s], which was our favorite mov … cartoon when we were young. And I'm glad now it's widely accepted by all (of) the world. And as for the future, who knows? I can't say it can be, must be a better world, but at least it must be a new one. Don't you think it's exciting? Thank you.

Judge C: Thank you, Contestant No.4. Hello.

Contestant: Thank you.

Judge C: I wonder, do you think, maybe, is food the new oil? When the oil age is over and renewable energy and nuclear energies fuel the world, do you think the balance of economic wealth and power might shift to the food producing areas of the world? Might poor little Bangladesh become the Saudi Arabia of rice? Might African nations, used to centuries of poverty become economic heavyweights? In the future world of food shortages, do you think food is the new oil?

Contestant: 【例 1】 Well, food is the oil and maybe it is the most important one. To those who just had breakfast, you won't feel the threat(ening) of being hunger [hungry], but for those who are in Africa, who doesn't even ... who don't even know if they're going to have their next dinner (or not), hunger is probably their biggest problem in their everyday life. 【例 9】 And, indeed, I believe some ... those ... those of us who are not threatened by this poverty should help those who are still struggling in the food shortage, which is the stan ... the basic standard they require(d) in their survival in this world. 【例 22】 Much should be done and problem[s] do exist, but we should find ways to tackle those problems instead of fear[ing] them or be[ing] scared by them. We should never admit defeat. And I believe the whole world, the society, the government, they are doing something and I'm positive about the future. Thank you.

Judge C: Thank you.

Contestant: Thank you, everyone.

英语公众演讲课批判性思维训练初探[1]

王梦景

中国矿业大学外文学院

摘要： 批判性思维能力的训练是英语公众演讲课重要的教学内容，目的在于培养学生的分析和整合信息的能力、质疑权威的精神以及对新的信仰体系保持开放的态度等。本文对批判性思维能力的定义和培养意义进行了进一步的阐释，以"外研社杯"全国英语演讲比赛及辩论赛的赛题和演讲稿件为参照，提出系统的批判性思维能力训练模式要从英语演讲稿的选题立意、讲稿结构和演讲者的临场反应这三个方面着手。选题立意要遵循人性原则、张力原则、审美原则；讲稿结构各部分要达到动态平衡、有机统一；而演讲者的临场反应则可以通过训练苏格拉底式的对话进行提高。

关键词： 英语公众演讲；批判性思维；选题立意；结构；苏格拉底式的对话

1. 综述

英语公众演讲作为一种战略性沟通方式，演讲者需要独立思考、随机应变、对知识的理解深度与宽度并重，即具备一定的批判性思维能力（critical thinking competence）。因此，批判性思维的训练是英语公众演讲课不可忽视的教学环节，培养学生在进行英语演讲和辩论时形成批判性思维习惯更是该课程的教学目的之一，意义深远。本文认为，要建立起系统的批判性思维能力训练模式，要从英语演讲稿的选题立意、讲稿结构和演讲者的临场反应这三个方面着手。选题立意要遵循人性原则、张力原则、审美原则；讲稿结构各部分要达到动态平衡、有机统一；而演讲者的临场反应则可以通过训练"苏格拉底式"的对话进行提高。

2. 批判性思维能力的定义、培养意义

虽然对英语公众演讲课中批判性思维的研究近年已成演讲教学的显学，但到底何为"批判性思维"却一直缺少一个官方或经典的理论界定。文秋芳老师（2009）曾将"critical thinking"译成"思辨能力"，弱化了"批判"，突出了"思考"与"辩证"。杜威（Dewey, 1909: 9）则认为批判性思维是个体对于任何

---

1 本文系中国矿业大学青年教师教学改革资助项目"公共演讲技能培养与大学英语三级班听说教学改革"项目成果。

信念或假设及其所依据的基础和进一步推导出的结论所进行的积极、持久和周密的思考。它可分为"批判性分析（critical analysis）"、"批判性意识（critical consciousness）"和"批判性反思（critical reflection）"。与其他众多从纯思维角度所给的定义不同，科菲斯（Kurfis，1988）把批判性思维比作一种调查研究活动，强调了"信息整合的效度"和"说服力"两条标准。这个观点的突破性在于它把批判性思维定义为一项活动，通过探索研究一种现象、问题或假设，整合相关的有效信息，能够有说服力地证明假设观点或得出相应的结论。班尼须（Benesch，1993）则从后现代主义的角度提出，批判性思维是一种质疑程序，挑战着现存的知识与社会规范，是对社会、历史、传统知识认知的政治根源，是改变学习与社会的一种探索。具体到英语公众演讲，《演讲的艺术》（*The Art of Public Speaking*, 10th edition, 2010）一书将批判性思维等同于洞察他人论点中的漏洞并在自己的论点中避免犯错的一种能力。它包括区别客观事实和主观臆断的能力、判断观点可信度的能力，以及评判例证充分性的能力。从广义上说，批判性思维是高度集中概括的思维，即能够在事物之间架起各种联系的能力。可以说，一个善用批判性思维的演讲者能够：进行开放性思考；提出优秀、细致的问题；收集并评估相关信息，通过抽象思维对其进行有效解读；与他人进行有效沟通却不会人云亦云；得出经得起推敲的结论，不仅如此，他还应该通过吸收新的信息来悬置信仰并对新的信息、方法、文化系统、价值观和信仰保持开放的态度（参见 MCC General Education Initiatives）。

将训练学生批判性思维的理念融入英语公众演讲课教学设计符合我国大学英语课程的教学要求，具有深远的社会和文化意义。《大学英语课程教学要求》（2007 版）对大学英语教学的课程设置要求是："大学英语课程不仅是一门语言基础课程，也是拓宽知识、了解世界文化的素质教育课程，兼有工具性和人文性。因此，设计大学英语课程时也应当充分考虑对学生的文化素质培养和国际文化知识的传授"。英语公众演讲课上，英语是工具语言，是外在的形。但一个精彩的演讲想要有血有肉，神魂兼具，还需要演讲者对演讲内容和程式、所涉政治文化经济了然于胸，对现场的干预因素能从容应对。这些都会涉及批判性思维，演讲者或顺势而为，或逆向而动，急中生智信手拈来的名言名句都会成为演讲的点睛之笔。最重要的是，批判性思维可以帮助演讲者避开自我中心主义（egocentrism），树立 21 世纪国际公民应有的开放、开明、宽容精神。

3. 批判性思维能力训练的试探性方法

虽然批判性思维可以帮助学生的英语公众演讲锦上添花，但具体的教学方法仍然是棘手的问题。首先，英语公众演讲课以语言技能为基础，以培养学生国际视野和人文关怀为目标，批判性思维的训练就不能等同于纯逻辑训练。其次，公众演讲中信息的接收者、信息的反馈、动态多变的课堂使批判性思维的运用较逻辑的推演更加灵活，它不仅会出现在演讲稿中，也会出现在与听众的互动中，不仅需要逻辑上的归纳法、演绎法，也需要演讲者对语境和语言具有较高的敏感度。这些都给教学活动造成了困难。因此批判性思维训练的方法缺失就构成了当下英语公众演讲课教学的一大难题。针对这一难题，本文提出了以下训练模式，使语言教学与文化教学双管齐下：

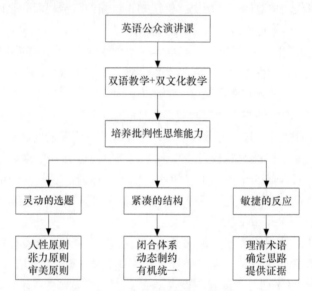

图1　EPS批判性思维训练模式

3.1 批判性思维训练与选题立意

选题立意是撰写文章的第一步，一旦"意"确立下来，演讲的灵魂、纲领和统帅就确立了下来。陆机在《文赋》中曾提出"意司契而为匠"；杜牧也曾指出"凡为文以意为主，以气为辅，以词采章句为兵卫。"（冯集梧，2011）这在英语公众演讲上也是适用的。一篇优秀演讲稿的思维固然要有条理，语言当然要有文采，但最重要的是能挖掘对生活的自我思考。批判性思维在审题立意方面不能抛弃人文关怀，应该兼顾事物间的联系与冲突，并力求达到一定的审美境界。因此，英语公众演讲课要培养学生的批判性思维能力，就应该跳出单纯的语言训练，向学生传授人性原则、张力原则、审美原则，鼓励他们在选题立意上将这三者有机结合起来。所谓人性原则，即不要害怕小题大做，要关注普通人的喜怒哀乐，演讲者自身的经历与遭遇只要是具有普适性的也可以拿来大做文章。其次，生活是由矛盾构成的，有矛盾才能有戏剧张力，有戏剧张力才能使文章有趣而深刻。其三，幸福与痛苦、真诚与虚伪、高尚与卑劣、民主与霸权、文明与野蛮、和平与战争、故步自封与开拓创新等价值观冲突中，应该宣扬真、善、美，摒弃假、恶、丑，使讲稿到达较高的审美境界。

以 2009 年"CCTV·外研社杯"全国英语演讲比赛江苏赛区半决赛的题目"Does 1+1=2?"为例。1+1 是否等于 2 并不是一个多么新鲜的话题，但正因如此，选题立意才更显演讲者批判性思维的功底。乍看之下，我们可以选择 1+1 大于 2 或小于 2，如团队合作力量大或是两种思想、两种文化的融合可以创造出更优秀的思想和文化，反之亦然。但如果鼓励学生发挥批判性思维，我们发现完全可以从 1+1=2 这个角度去做文章。于是在那一年的演讲比赛中，就有学生提出 1+1=2 是一个公理，世界上的很多事情本应该遵循这个公理，但当今社会人们的浮躁和贪婪却常常绕过或践踏这个公理，导致各种社会问题频发。学习英语，不去记忆大量的英语单词和枯燥的语法就幻想写出天花乱坠的文章是缘木求鱼；学习绘画，不去反复练习基本功就想创造出旷世杰作是本末倒置；而现在社会上矿难频发、食品造假、学术剽窃等不良现象，更是折射了人们妄想 1+1 等于 1 万、1 百万、1 千万的浮躁心理。要构建和谐社会，就必须要回归理性，要面对 1+1 就是等于 2 的真理，踏踏实实一步一个脚印，个人和社会才会健康发展。

再以"外研社杯"首届全国英语演讲大赛江苏赛区半决赛的题目"____ Is My Top Concern"为例。这是一个半开放的题目，上到国计民生，下到个人喜恶，学生选题的空间很大。但立意如何做到卓尔不群就有一定的难度了。"my top concern"需要个体化的体验，还需要将个体的"一己之虑"转化为整体的"天下之忧"。很多学生着手写演讲稿时，多从宏观入手，题目的中心词汇选择大而空泛，如 social service, sponsorship, Shanghai EXPO, world peace 等。围绕这样的主题去撰写演讲稿，大部分学生会因难度较大而中途放弃。因为英语演讲竞赛有明确的时间限定，除去极个别非常优秀的学生，在有限的篇幅内用英文全面深刻地阐释一个社会现象对很多中国学生而言往往是难以驾驭的。因此，在江苏赛区半决赛中，我们看到有参赛选手的题目定为："Happiness Is My Top Concern"，"Self-importance Is My Top Concern"等成功将人性、张力和审美有机结合起来的佳作。

2011 年"外研社杯"全国英语演讲比赛题目为"A Word That Has Changed The World"，以江苏赛区半决赛 B 组 45 份演讲稿所选择的"词语"(A word) 为例，出现频率最高的单词为"创造"(innovation)，共出现了 5 次；其次是"梦想"(dream)，出现了 4 次；其他词语包括：mother（2 次）；perseverance（2

次）；imagination（2 次）；apple（2 次）；devotion；"I"；"WOW"（curiosity）；aspiration；communication；dissatisfaction；pursuit；smile；individuality；fire；Google；leadership；query；science；China；unity；"ONE"；youth；sharing；NGO（never failing generosity leads to optimism）；micro-blog；computer；creativity；faith；school；the letter "L"（liberation）；curiosity；media 等。单就选题来看，存在某些概念重复出现甚至是过度"消费"的现象，因此演讲很难在听众心中留下深刻印象，要获得听众情感上的认可和价值共鸣就更难了。

3.2 批判性思维训练与演讲结构

演讲稿除了注重别致的选题和立意之外，还要特别讲究结构美、形式美。古代著名文论家刘勰在《文心雕龙》里说，文章结构的功能在于"总文理，统首尾，定与夺，合涯际，弥沦一篇，使杂而不越者也。"梁启超在他的《作文教学法》中也提出了"以结构为主"的训练主张（张圣华，2007）。鲁迅先生在《致叶紫》里极有感触地说："以前那种十步九回头的作文法，是很不对的……以后要立定格局之后，一直写下去。"俄国形式主义文艺理论认为，一篇优秀的文章应该达到结构上闭合，内容上陌生。推及一篇优秀的演讲稿，则应该具备引人入胜的开头，充分论证的主干，高度提炼的结尾，论点突出，论据丰富，首尾呼应。即便是如此，同样一个题目，不同的演讲者仍然会选择不同的叙述或论证模式。

仍以 2011 年"外研社杯"全国英语演讲比赛江苏赛区 B 组为例，为了隆重推出那个改变世界的"词语"，学生们演讲稿的开头就囊括了设问式、开门见山式、引人眼球式、定义式、个人经历式、经典故事式、引用名言式、背景介绍式等，而这其中不乏开头拖拖拉拉，行文冗长，与主题相关度不高并严重影响结构比例的稿件。如：

Honorable judges, distinguished guests, my dear friends, ladies and gentlemen, good afternoon. I'm contestant No.××, a sophomore medical student from NanTong University. Today, I'm going to give you my speech: a word that has changed the world.

Last year this time in Yangzhou, as a freshman, I was standing on the stage, giving you the speech. I was quite immature at that time, and I didn't do a good job. I was not convinced last year and I hope that this time, I can go further and prove myself.

There are so many words you can think out that have changed the world: information, cooperation, believes ... The word I'm gonna tell you is one of the main elements that pushes the world forward. With the help of that word, that certain word, something that used to be impossible can be made possible. And you may not be surprised at that word I'm gonna tell you: INNOVATION.

在一篇耗时 3 分钟，400 字左右的演讲稿中，这位学生用了 156 字才最终点出关键词，此为演讲稿结构上的大忌。

在结构上缺乏批判性思维还体现在文章主体部分的小层次结构呆板、层次不清。一篇优秀的文章在结构上应体现平衡、和谐、对称，文字的流动和思想的推进是动态的，各部分要有所制约而不失自然。以一篇以"Devotion Has Changed The World"为题的演讲稿为例，本文提取了稿件主体部分的各段首句和末句。

As a fan of music, I firmly believe that Michael Jackson's devotion to music has created countless miracles for the world. ... By calling on 45 celebrities recording the song 'We are the World', he brought 50 million dollars worldwide to African famine refugees.

There is another person who has changed the world. ... Based on elegance and simplicity, Apple's digital products are much thinner, lighter and more exquisite.

These two great figures are just tips of iceberg of those who have really devoted very much to the development of mankind. However, common people can also change the world by devotion. ... （以下作者以捐款为例，并在段末写道）I contribute my power as an average donor though it is a limited amount.

以上结构的问题在于：a) 容易引起歧义，让听众困惑到底是 devotion 改变了世界，还是具体的某几个人改变了世界；b) 主干部分的第一段与第二段是并列关系，而这两段与第三段又是并列关系；c) 作为段内总起或总结，个别句子对主要内容的表达不够精准，或者不宜作为关键句，如上文第二段的末句。

反观优秀的演讲稿，如南京大学夏鹏的"Confronting Myself: Color of The Wind"，演讲稿以作者幼年的绘画经历讲起，提及作者内心的困惑，再由中学摄影老师的话消除困惑引出主要论点，并再次用作者亲身经历作为支撑材料进行论证，最后通过点睛的几句深化主题，首尾呼应。看似普通的结构却不显呆板与机械，各部分之间由一条隐藏的主线引领，衔接自然，文章结构呈螺旋式。

对于初涉英语公众演讲的学生，要达到以上优秀演讲在结构上的高度实属不易。在课堂教学中，应引导学生领会文章是客观事物的反映，是人们认识客观事物的表象及其规律的辩证统一体。所以，作为与人们思维形式相对应的文章结构，也必须反映客观事物的基本规律和特征。根据《演讲的艺术》一书，英语演讲稿的结构一般可以遵循时间顺序（chronological order），空间顺序（spatial order），主题顺序（topical order）等。在确定了一个大的框架之后，演讲者还要注意段内结构，如中心句、转折句、总结句的使用。批判性思维运用在演讲稿的结构组成上需要演讲者谨记"没有规矩，不成方圆"，再新颖别致的立意和内容，再丰富的信息例证，都需要高度的概括和整合，对主要观点和例证按轻重缓急进行排序，并使各部分最终构成有机统一体。

3.3 批判性思维训练与英语公众演讲者的临场反应

思辨性缺失的一大原因在于英语公众演讲课上缺少思考激励，技术性、理论性的知识内容以及教师满堂灌的授课方法占据了教学的大部分时间。"苏格拉底式"的发问（Socratic questioning）或对话（Socratic dialogue）是帮助学生进行反思和构建知识结构非常有效的方式。

在心理咨商理论中，美国认知治疗学派大师 A. T. Beck（参见 http://www.psybook.com/article-8144-1.html）引用"苏格拉底"这种非教导的论证式对谈，来形容认知治疗师用提问的方式，协助个案修正或改变错误认知。治疗师不和个案争论他们主观的知觉和诠释，只是用一系列的问题先了解个案的观点，并让个案评估自己的想法，进而引发出不同的结论，促使个案得到自己的解答。苏格拉底式对话主要分为三个步骤：

a）理清术语（defining your terms）；

b）确定规则（deciding your rules）；

c）提供证据（finding your evidence）。

在英语公众演讲中，苏格拉底的对话模式既可以消除之前单向的信息传递模式，促进师生进行平等对话，也可以使学生在课堂上保持注意力高度集中，充分调动其主观能动性，训练其敏捷的反应力和洞察力，因此应用在演讲的 Q&A（问答）环节和辩论上效果尤其显著。

虽然苏格拉底式的对话可以应用到英语演讲的问答环节与英语辩论，但仍然要考虑后两者各自的特点。就英语演讲的问答环节而言，回答者要遵循"合作"原则，即试图通过对问题的分析和解读最终实现与提问者的"视界融合"。如在"Apple Has Changed The World"这篇演讲中，苏格拉底式的对话可以是："If you are a designer of Apple's logo, how can you further improve it?"抑或"Why Apple's current logo is an apple with a bite?"，在另一篇演讲"War Has Changed The World"中，苏格拉底式的对话可以是："How do you perceive the relationship between wars and military training in China's universities?"这三个问题都颇具挑战，考验演讲者快速的反应与辩证看待问题的能力以及积极的信息反馈。

就英语辩论而言，辩论中的辩题通常都是具有争议性的，对话的过程实际就是情感、思维方式、价值观的碰撞。请参看下表（表中 Motions 一栏为英语议会制辩论中的动议，Arguments 一栏为论点，Socratic dialogues 一栏为苏格拉底式对话）。

表1 议会制辩论与苏格拉底式的对话

Motions	Arguments	Socratic Dialogues
This house believes that the government should ban medical experiments on animals.	Animals have feelings; therefore doing medical experiments would hurt them physically and psychologically.	What is the definition of "medical experiment" and "feeling"? Can you provide any scientific evidence to prove animals have feelings? Can you list some scientific methods testing animal psychology?
This house believes that the government should ban smoking in public places.	A great majority of people agree that smoking in public is bad for health.	Can you offer a precise number to explain so called "a great majority of people"? Even if a great majority of people agree on this motion, does it mean a great majority of people are always right? What factors should be taken into consideration concerning public issues?
This house believes that learning oral English is more important than learning written English.	Written English is more formal, students should respect standards and criteria.	How can you explain "dumb English" in China? Don't you agree that learning English is for communication? From what aspects can you be sure that written English is more formal while oral English is less formal?

因为思维过程具有"内隐性"和"自动化"的特点，人们在进行思维时往往并未意识到自己是如何思考的或自己的思考方式具有何种趋向性（朱新秤，2006）。通过在辩论过程中使用苏格拉底式的对话，学生会发现批判性思维不仅仅是对权威说法、外部现象问题的质疑，也包括了对自己已有的偏见清楚的认知与反思。

　　可以说，通过苏格拉底式的对话，学生在参与问答与辩论的过程中能够充分体会思维的合作精神与强烈对抗，同时，锻炼了专注、倾听、敏捷应对的特质，积极地探索与评价信息，在建构知识的同时又提高了思维的严密性并逐渐形成批判性思维方法。因此，我们可以说苏格拉底式的对话是集沟通、关注过程、重视学生学习体验为一体的知识建构过程。

4. 结语

　　综上，一个具备批判性思维能力的演讲者可以在演讲时达到事半功倍、画龙点睛的效果。从长远来说，用英语进行具有批判性的公众演讲是全球化视野下中国大学生必备的素质。英语公众演讲课上对大学生进行批判性思维的培养和训练是十分必要的。本文从英语演讲稿的选题立意、讲稿结构和演讲者的临场反应三个方面具体阐述了如何将批判性思维融入并渗透到英语演讲教学中，其中选题立意要抓住人性、张力、审美原则，结构要避免呆板机械，演讲的问答与辩论应该注重高质量的互动，即采用苏格拉底式对话方式训练学生敏捷的临场反应。具备了一定的跨文化交流技能并养成独立思考、批判思考的习惯，加上过硬的英语语言功底，大学生方能适应 21 世纪社会对高层次人才的需要。

参考文献

Benesch, S. Critical thinking: A learning process for democracy [J]. *TESOL Quarterly 27.*

John Dewey. *Moral Principles in Education* [M]. Boston: Houghton Mifflin Company, 1993.

Kurfis, J. G. Critical Thinking: Theory, Research, Practice, Possibilities [J]. ASHE-ERIC, Higher Education Report (2), 1988.

Stephen E. Lucus. 演讲的艺术 [M]. Beijing: Foreign Language Teaching and Research Press, 2010.

MCC General Education Initiatives, http://www. turtletrader.com/psychology（2011年10月13日读取）

陈忠寅. 苏格拉底式的对话 [OL]. http://www.psybook.com/article-8144-1.html（2012年1月25日读取），2011.

冯集梧（编）. 樊川诗集注·答庄充书 [C]. 上海古籍出版社，2011.

教育部高等教育司（编）. 大学英语课程教学要求 [M]. 北京：高等教育出版社，2007.

文秋芳等. 构建我国外语类大学生思辨能力量具的理论框架 [J]. 外语界 (1), 2009.

张圣华（编). 作文入门·作文教学法 [C]. 北京：教育科学出版社，2007.

朱新秤. 大学生批判性思维培养：意义与策略 [J]. 华南师范大学学报（社会科学版), 2006.

学生参与教学决策：英语口语课程与学生思辨能力的发展

濮 实

北京外国语大学英语学院

摘要： 本文以本科二年级英语辩论课程教学实践活动为案例，探讨学生如何在英语口语课程中参与教学决策、发展思辨能力。研究发现，学生参与教学决策能够有效地提高学生学习的积极性和责任感，使得学生愿意在辩论课中投入更多精力，愿意独立思考、互相交流，对问题的理解也有所加深。思辨能力，包括应用能力、分析能力、评价能力、创造能力等，在该项活动中都得到了有效的锻炼。本文以杜威的教育经验论为理论框架，对相关课堂活动进行分析和解释，认为学生思辨能力的培养不仅是技能层面的训练，更需要关注学习观念的发展。

关键词： 英语口语课程；学生参与教学决策；思辨能力

1. 引言

　　培养学生思辨能力是中国高等教育的核心目标之一，是世界一流大学所追求的共同使命（孙有中，2011）。我国外语教育领域也已达成普遍共识，认为培养思辨能力对于提高人才的综合素质有至关重要的作用。因此，如何将思辨能力培养的宏观目标落实到具体的课堂教学中，这是每个教师必须思考的问题。

　　杜威认为，教育是一种经历和体验（Dewey，1938）。教师和学生在课堂中的互动，不是单向的知识传递和接收，不是单向的对学生的改造，而是师生在课程平台上不断加深了解、共同成长的过程。教育中所有的内容和活动都应基于学生的已有知识，服务于学生的发展。学生参与教学决策，是基于此观点设计的教学活动。本研究采用质的研究方法，研究目的在于探讨参与教学决策何以促进学生思辨能力的提高。研究问题为：

　　a）学生参与教学决策的课堂活动是如何进行的？

　　b）该活动可能对学生的思辨能力产生哪些影响？

2. 研究方法

　　本研究采用质的研究方法，研究者为英语专业本科二年级英语辩论课

(2010.9-2011.1）的任课教师，教学过程即为数据收集过程，每项数据资料都同时兼有教学目的和研究目的。表1简要列出了本研究的数据来源及每项数据的研究目的。

表1　数据收集过程

时间	数据来源	研究目的
11-12 月	教师的教案、教学幻灯片及教学日志	整理教学活动流程
11 月 25 日	学生日志 1：日志写作提纲见表 3	收集学生对本学期教学内容的反馈
12 月 9 日	学生日志 2：日志写作提纲见表 5	收集学生对于课堂活动形式的反馈
12 月 23 日	学生日志 3：请每个学生回顾自己本学期完成的全部日志，挑出最好的一篇并解释原因。	了解学生的学习成果及收获

3. 学生参与教学决策的课堂活动

该学期的英语辩论课主要包含六个单元，每单元以一个社会问题为核心，共四课时，分两周完成。学生参与教学决策的活动安排在第五单元第一周，此时学生已经经历过四次辩论，熟悉了基本的辩论技巧，对自己的辩论实践也有了一定的反思。学生参与教学决策的活动流程见表2。

表2　第五单元教学计划[1]

时间	学习活动
第一周课前	针对之前的几个辩题进行反思，撰写日志；熟悉本单元的备选辩题
第一周课上	讨论选择辩题的标准；全班学生自主选择本单元辩题
第一周课后	反思该项课堂活动，撰写日志；查找资料，准备辩论
第二周课上	辩论
第二周课后	针对辩论技巧等进行反思，撰写日志；熟悉下一单元的备选辩题

1　为了研究方便，该表格呈现的是实际教学的精简流程。与本研究不相关的活动均未列出。

3.1 第一周课前

学生完成一篇反思日志（写作要求见表3），根据辩论的实际情况对之前使用的四个辩题分别进行分析和评价，随后自己归纳出好的辩题应具有哪些特征。这篇日志旨在帮助学生思考如何结合自身情况选择合适的学习内容，因此，最关键的不是结论而是思考和解释理由的过程。

表3 课前反思日志的写作要求

- Comment on the previous 4 motions and explain WHY.
- What makes a good motion? Explain WHY and give EXAMPLES. The purpose of this journal is to clarify your criteria of choosing motions for future debates. You can think under various contexts as an individual, a class and the whole society. All perspectives are welcome. (L12-101125)

学生提交的日志内容充实，大部分长度在1-2页左右，有学生在后来的反思中说：

Before I wrote that essay, I really spent a lot of time reading the materials and thinking. It contains my reflection on the four motions we debate during the whole semester. And it helps me form a structure of what a good debate motion is and how to evaluate. (C5-J18-101223)

I like this journal because in this journal, I have an overall review of most motions we have had this semester, and this helps me a lot in thinking deeper into what we have debated and forming a clearer system. (C6-J08-101223)

可见，学生在撰写日志时对之前辩论过的题目有所回顾，并进行了认真的反思和总结，理清了辩论课的一些思路。还有学生说：

This is a very precious opportunity for me to express my comments, so I take this chance to openly comment on the four motions. (C5-J06-101223)

可以看出，本次日志写作还为学生提供了一个表达个人观点的机会。大部分学生对于辩题的点评都十分诚恳，说明学生愿意表达自己的真实观点，也十分珍惜这种思考和表达的机会。

除日志写作外，教师需在第五单元话题（Environmental Issues）范围内给出若干备选辩题（见表4），由学生自己查找资料，熟悉这些辩题中的基本概念及相关信息。

表4 第五单元的备选辩题

1) This House believes that economic growth is the solution to climate change.
2) This House would sacrifice economic growth for the good of the environment.
3) This House believes that China should be treated as a developed country in international environmental treaties.
4) This House believes that developing countries should nationalize their energy resources.
5) This House believes that environmentalists should be radical in support of their goals.

(L12-101125)

3.2 第一周课上

第一课时，学生首先分组讨论，在日志写作的基础上相互交流对辩题的评价及评价标准。随后教师根据学生的日志系统总结出辩题的评价标准，综合多个视角对学生个人的思考进行补充，简要总结什么样的辩题可能更值得讨论、在辩论课堂的语境下更适合大家的兴趣或水平。

第二课时，每组通过讨论选择一个辩题，然后派代表以presentation的形式向全班同学陈述选择该辩题的理由。小组之间可以进行辩论，讨论同一话题下不同辩题的社会意义和在本班课程中的适用性。最后由全体同学投票正式选出本单元的辩题。结果本身并不重要，重要的是每个人都需要为自己的选择找到合理的依据，把自己的想法表达清楚，倾听不同的意见，比较各种不同的意见，通过权衡得出最后结论。

3.3 第一周课后

学生通过撰写日志对本次选择辩题的活动进行反思（写作要求见表5）。反思的内容分为两部分，首先，学生对自己的表现进行简要评价，并思考如何处理他人提出的不同观点；其次，学生对本次活动给出整体性评价，并思考如何在时间有限的情况下提高讨论效率，有效达成共识。

表5 第一周课后的反思日志写作要求

Journal: Reflect on the process of decision making (choosing a motion) within your group and the whole class. Two parts:

● Reflect on your participation: What was your role in the group discussion? Did you explain yourself clearly? How did you deal with different opinions?

● Comment on the whole activity in terms of procedure and product. Think of this question: How can we reach a decision efficiently in a group of people with different opinions? Did we manage? (L14-101209)

本次日志提出的两方面问题都属于开放性问题，目的在于提高学生的自我意识，思考自己在集体中可能发挥的作用，同时加深对课堂活动目的的理解，提高课堂参与度。撰写日志的过程就是思考和创新的过程，例如有学生在思考如何提高课堂讨论效率时认为可以对讨论形式加以改进：

> As for how to achieve a decision effectively, it reminds me of *the rules of discussion adopted by the 1787's US Constitution Convention* in Philadelphia. Once I read about and was deeply impressed by the rules made for the discussion of the Convention. Among those rules, one set that all representatives were only allowed to *speak for twice*. And after their first speech, if they wanted the second chance to speak, they must wait until all other speakers finished their first speech. During a speech, nobody was allowed to interrupt the speaker. Although some accuse these rules of being rigid, I think it can be adopted to promote the efficiency of discussion. In this system every speaker has two chances—one is for the constructive speech and the other for the rebuttal part (after other speakers finish). I suppose it's also quite fair to all speakers in discussion. （C5-J11-101209）

可见，真实的课堂活动为学生思辨能力的发展提供了天然的材料，从活动中发现问题、思考原因、提出解决方案，这本身就是对思辨能力的锻炼。学生在思考的过程中会调用自己已有的知识，运用到具体的课堂情境中，提出合理可行的解决方案。该学生后来对本次反思日志做出了肯定的评价：

> I thought about sth. beyond debate itself, which did inspire me and I wrote down with great passion! Besides, this one got a lot comments from the teacher and raised some new questions for me to think about. It's a very excited and inspiring interaction! (C5-J11-101223)

可以看出，该学生对该类问题表现出极大的兴趣和热情。如果将她提出的想法运用到课堂中去，则意味着学生在教学内容和方法两方面都参与了教学决策。由于课堂活动关乎学生的自身发展，让学生从决策者的角度反思自己的学习，并在决策过程中与教师互动，不断挖掘、创造新观点，这必将极大地提高学生的积极性和参与度。

反观上述课堂活动，可以发现，学生参与教学决策的活动实际上由两部分组成，一是以日志为依托的个人反思，二是课堂语境下的集体参与。这两部分相辅相成，缺一不可。反思是参与的基础，参与为反思提供了目的、内容和实践机会，反思又进而为参与活动提供了更加深入的理解和透析。这样层层深入，学生不是单纯为了思辨而思辨，课程中所有的思维活动都围绕着有目的、有意义的活动进行，使得学生在反思和参与的过程中锻炼了自身的思辨能力。

4. 参与教学决策与思辨能力的发展

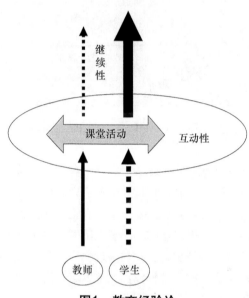

图1　教育经验论

杜威的教育经验论能够为该项课程活动提供一个合理的解释（图1）。杜威认为，教育是一种经历和体验，课堂教学的最终目的是促进学生的发展，教师的任务是选择合适的经验作为课程，让学生从中获取有益于自身成长的经历。杜威提出，富有教育意义的经验必须具备继续性（continuity）和互动性（interaction）。继续性指的是教育要与学生过去的经验相关联，同时加深和拓宽其未来的经验。互动性指的是学生的内在需求与外在条件的相互交流，互动过程本身就是学生人生经历的组成部分，互动的目的直接指向学生未来的发展（Dewey, 1938）。下文以该理论为基础，从认知能力和学习观念两方面探讨学生参与教学决策的活动对其思辨能力发展可能产生哪些影响。

4.1 认知能力的发展

根据 Bloom-Anderson 的认知能力模型（图2），记忆、理解、应用、分析、评价、创造是构成思辨能力的六种主要的认知能力。学生参与教学决策的活动为这六种能力的发展提供了平台。

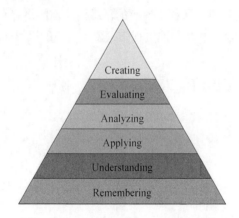

图2　Bloom-Anderson 认知能力模型

　　a）记忆（Remembering）指的是学生能够记住相关信息并有效地表达出来，理解（Understanding）指的是学生能够对相关信息进行选择、分类、描述，从而解释某一概念或命题。参与课堂决策要求学生在记忆和理解的基础上阐述选择某一辩题的理由；同时，课堂中出现的不同观点随时为学生提供新信息，增加学生的知识储备，加深其对问题的理解。在教学过程中，笔者发现辩论的一个主要难点在于学生对一些基本概念的理解较浅，如果以选择辩题的活动为正式辩论做铺垫，可能会在理解概念方面对学生有所帮助。

　　b）应用能力（Applying）指的是学生能否将旧有知识用在新语境。有学生在日志中提到：

　　　　We applied what we have learnt about motions, trying our best to decide on the most suitable one for debating.（C6-J10-101209）

　　要选择一个合适的辩题，必然要求学生对每个辩题进行评价。学生之前学过的关于辩题的基本知识在该活动中被用在一个新的语境——对辩题本身进行评价。参与选择辩题有利于激发学生兴趣，运用学过的知识解决新问题。

　　c）分析能力（Analyzing）指的是学生能否通过比较、鉴别、判断等方法将事物各部分区分开来。有学生认为评价辩题的那篇日志体现了自己分析能力的提升：

　　　　I've really improved the ability of analysis by trial and error, which can clearly show in this journal. (C6-J09-101223)

分析每个辩题的内在组成是评价辩题的先决条件之一。在教学中，笔者发现很多学生分析辩题（motion analysis）的能力较弱，立论时难以找到恰当的切入点。在辩论教学中，如果能够引导学生有意识地对辩题进行分析，对其分析能力的提高应该有所助益。选择辩题的活动为学生创造了一个分析辩题的机会，因而可以成为辩论前的一个有效铺垫。当然，活动的效果也取决于教师的引导。

d）评价能力（Evaluating）指的是学生能否通过评估、说理、辩护、判断等方式为自己的立场或决定找到合适的依据。在学生参与教学决策时，首先需要对每个辩题的质量做出自己的判断，并为自己的选择寻找合适的理由。小组讨论和全班讨论为学生提供了表达的机会，要说服别人接受自己的观点，这对学生思考的深度和广度都提出了潜在的要求。在课后的反思中，学生需要回顾课上讨论的过程，并对讨论的效果做出自己的判断。这些活动都为学生评价能力的发展提供了机会。

e）创造能力（Creating）指的是学生能否通过类推、构造、设计等创造出新事物或新视角。对于人文学科来说，创造能力主要指创造新视角，发现新问题，或在事物之间找到新的联系和意义。在本研究中，选择辩题的实质在于让学生自己决定哪个问题是当下最重要、最值得讨论的。活动过程中，各种视角相互碰撞，学生自己会不断产生新想法。如果学生对教师给出的备选辩题不满意，可以自己创造新辩题，只要能够得到大家认可的就可以在辩论中使用。事实上，提出新问题和讨论给定的问题是两种不同形式但同样重要的能力。提出一个新问题意味着开拓一个新领域，意味着视野的拓宽和思维空间的扩展，而提出问题的前提就是某一领域的深刻理解和综合判断。因此，让学生尝试在提出问题上下功夫会促进他们不断学习新知识，不断发展思辨能力。

回到杜威的教育经验论框架，学生的认知能力在课程中得到了有效锻炼，而这种锻炼是通过一系列课堂互动活动实现的。在学生走出课堂之后，这些能力将作为工具性方法促进他们今后的发展。教育的继续性和互动性原则在课堂中得到了体现。

4.2 学习观念的发展

思辨能力不仅体现在认知层面，而且还体现在观念层面。思辨是一种态度，擅长思辨的人大都具有独立思考的勇气和客观、理性的处世态度（Siegel，1980）。研究表明，观念决定行为（Pajares，1992）。在课堂语境下，教师的观念决定教师的教学方法，学生的观念决定学生的学习方法和学习效果。要想让思辨能力为学生终身受用，观念态度方面的引导必不可少。

要引导学生学习观念的发展，最有效的方法不是直接的语言传授，而是对隐性课程的调控。教育学将学校课程区分为显性课程和隐性课程：显性课程是学校教育中有计划、有组织的正式课程，而隐性课程则是学生在学习环境中自然长生的非预期的或非计划的知识、情感、态度、价值观等（施良方，1996）。学生身处学校的环境，一方面在显性课程中学习掌握大纲规定的知识和技能，另一方面，他们也在不断了解学校的组织管理系统，探索学校内的各种人际关系。课堂就是一个小社会（Dewey，1916），学生在完成各种学习任务的同时，也在从课堂组织形式及师生关系中吸取各种信息，所有这些信息构成了课堂环境，是学生世界观、价值观形成的重要源泉。正如杜威所言，教育是通过环境实现的（Dewey，1916）。

课堂环境的核心是师生角色关系。学生参与教学决策，是对传统师生角色的一种质的改变。在传统的课堂中，学习内容和课堂活动方式基本全部由教师安排，学生只需按照教师的要求被动地参与。在新的环境中，师生组成了一个共同体（community），教师的任务不再是传递知识或规定学习内容，而是从整体上把握活动节奏，提高活动效率。同时，既然教育的根本目的在于学生的发展，学生作为发展的主体，自然应该对课程内容的选择有所建言。学生参与教学决策的过程实际上就是学生发挥主体性、能动性的过程。在这个过程中，学生通过交流和互动不断加深对学习目的的理解和对自身角色的认识，逐渐意识到独立思考和独立决策对于个人发展的重要性，并开始脱离被动的角色，有意识地把握自身发展的主动权。

师生角色关系的变化为学生思辨能力的发展提供了有利环境。由于学生集体选出的辩题真的运用在了随后的辩论活动中，学生可能会在潜意识中看到自己所作的思辨和说理的确能够对这个世界做出改变，从而认同思辨的重要性，愿意主动思考和表达，主动寻找发展思辨能力的途径。在这种环境中，教师的任务是为学生观念的发展搭建支架，通过设计日志写作提纲提出问题，鼓励学生明确自身观点（如自己如何看待以往的辩题、如何评价课堂活动的效果），表达自己的想法，并与他人进行交流。

那么，师生角色关系的变化又是如何通过课堂活动实现的呢？这与课堂活动目标的设置有关。在传统课堂中，教师与学生是"教"与"学"的关系，课堂活动的显性目标要么是提高学生的某种素质，要么是完成大纲中的某项任务。这种目标的设置把学生放在被动的位置，认为学生是被改造的对象，教师是课堂教学的唯一决策者，师生二者知识和权力的不对等显而易见。在本研究中，课堂活动的显性目标是选择一个合适的辩题，师生的注意力集中于具体的"做（doing）"，而不是抽象的"学 (learning)"(Dewey, 1916)。显然，与"提高英语口语水平"或"提高辩论技能"等抽象、长期的目标相比，选择辩题这种具体的目标能够在短时间内完成，对于减少学生心理压力、提高学生兴趣都有一定帮助。同时，师生在共同体中面对的不再是改造和被改造的任务，而是师生如何发挥各自优势解决共同的问题。这样，师生知识和视角的差异不再导致权力的不对等，二者在共同体中处于平等地位，分工不同，优势互补。也就是说，对显性课程目标的调整导致了隐性课程中师生角色关系的变化，这种变化创造出新的课堂环境，为学生的自主发展提供了平台。有学生在日志中写道：

> We learnt a lot and enjoyed ourselves in this challenging and meaningful process of choosing motion for the debate. We all felt a sense of responsibility as well as team work during the discussion. (C6-J10-101209)
>
> We appreciate the freedom and autonomy, and we can apply our knowledge in motions to practical use. We're likely to spare more efforts on preparing the debate, for we have made choices for ourselves. (C6-J10-101223)

可见，该活动增加了学生的责任感和自主性，使得学生愿意付出更多的精力。这种态度多于潜意识中形成，表现为学习动力的提升，以及对自己学习收获和进步的明确认识，正如有学生对选择辩题的日志评论道：

> I got a clear mind of debate and it motivates me to perform better in the future. So, it shows my thinking process and my harvests. I like it very much. (C5-J02-101223)

实际上，每个学生能在课上发挥的作用较为有限，观念、态度的发展程度也因人而异，但隐性课程的概念提醒我们，课堂上每个看似微小的因素都可能进入学生的观念，影响他们今后的发展。

回到教育经验论框架（图3）。教育的最终目的是促进人的发展，整个课程应以学生的发展为核心。在课堂中，教师、课堂环境和学习任务三个外在因素（Williams and Burden, 1997）构成有价值的学习经历，服务于学生的发展。邀请学生与教师一起进行教学决策，选择学习内容（如选择辩题），参与改良教学方法（如评价讨论形式），从课堂环境上看，是为学生创造了一个更为自由的发展空间，从学习任务上看，是把"做"作为显性课程内容，为学生提供了自主选择的机会。学生在选择的过程中直接运用了思辨能力：理解每个辩题的不同含义和价值，对不同辩题进行分析和比较，应用自己现有的知识和现实的课堂语境对每个辩题的价值进行评价。在集体决策的过程中，学生会经历不同观点的碰撞，选择性地吸收新观点，同时也对自己的旧有观点不断反思、更新。这个过程融反思和参与为一体，本身就是学习观念得到发展的过程。思考的结果又回到"做"中，有助于学生自身能动性的发挥。这恰好体现了杜威提出的"做中学（learning by doing）"理念。

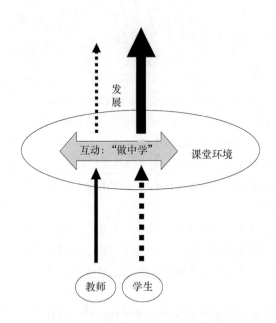

图3　以发展为目的的"做中学"

现今越来越多的学者开始认同教师即课程的观点（吴宗杰，2005），认为教学目标是教师教育观念的体现，课堂组织形式和教学方法都是教师观念的外在反映。在教育经验论框架中，教师和学生在课程这个时间段中共同处于课堂这个平台，教师根据自身明确的观念设计课堂活动，创造课堂环境，邀请学生参与教学决策；学生带着自身旧有背景进入课堂，在互动活动中深化理解，发展学习观念。课程结束后，学生带着这些观念走出课堂，脱离教师独立发展，但教师在课程中传递出的信息，尤其是隐性的观念和态度，将或多或少在学生心里留下印记，伴随他们走向未来的生活。可以说，课堂互动是师生在观念上的对话，共同决策的过程实现了师生"视域（vision）"的融合，教育的文化传承功能也由此实现。

5. 结语

本研究对英语辩论课上学生参与课堂决策的过程进行了分析，探讨该活动如何促进学生思辨能力的发展。参与课堂决策的活动主要分为三部分：一是课前对于辩题选择标准的反思；二是课上学生自主选择辩题；三是课后对于课堂活动效果的反思。参与教学决策的课堂活动对学生思辨能力发展的影响主要表现在认知层面和观念层面。从认知层面看，参与教学决策有利于学生记忆能力、理解能力、应用能力、分析能力、评价能力、创造能力的发展。从观念层面看，参与教学决策改变了传统的师生角色关系，为学生创造了自由的环境，通过"做中学"的方式，促进学生形成独立思考、独立决策的观念，为其思辨能力的长远发展打下了基础。

本研究有三个方面的启示：第一，培养学生的思辨能力，不仅要关注认知层面的能力，而且需要有意识地培养学生的学习观念和态度；第二，学生参与教学决策可以成为一种有效的教学模式，尤其在英语专业听说读写技能课缺乏系统学科内容的情况下，让学生参与课程内容的选择能够提高学生参与的积极性，有利于学生思辨能力的发展；第三，真正有效的学习往往发生在个性化的反思中，因此需要教师有意识地对学生的反思内容进行引导和反馈。

本研究具有一定的局限性：对教学效果的讨论主要基于理论分析和学生对自身学习效果的反思，受到学生和研究者个人反思能力和直觉的影响。如果能够对学生的思辨能力做出客观评测，会为教学效果的讨论提供更充分的数据支持。

参考文献

Bloom, B. & Anderson, L. Bloom-Anderson's Taxonomy [OL]. http://www.odu.edu/educ/roverbau/Bloom/blooms_taxonomy.htm (accessed 2011/8/20).

Dewey, J. *Democracy and Education* [M]. New York: The Macmillan Company, 1916/2004.

Dewey, J. *Experience and Education* [M]. New York: Collier Books, 1938/1963.

Pajares, M. F. Teachers' beliefs and educational research: Cleaning up a messy construct, *Review of Educational Research 62* [J], 1992 (3): 307-332.

Siegel, H. Critical thinking as an educational ideal [C]. Presented at the Annual Meeting of the American Educational Research Association. Boston, 1980.

Williams, M. & Burden, R. L. 1997. *Psychology for Language Teachers* [M]. Cambridge: CUP.

孙有中. 突出思辨能力培养，将英语专业教学改革引向深入 [J]. 中国外语，2011 (3) :49-58.

施良方. 课程理论——课程的基础、原理与问题 [M]. 北京：教育科学出版社，1996.

吴宗杰. 教师知识与课程话语（*Teachers' Knowing in Curriculum Change: A Critical Discourse Study of Language Teaching*）[M]. 北京：外语教学与研究出版社，2005.

教师指导模式对大学生论说性英语口语
任务表现的影响

李朝渊

西安外国语大学高级翻译学院

摘要： 本文将美式议会制辩论置于任务型教学构架中，为辩论教学提供了新的理论视角和多样化的理论支撑，在此背景下研究有教师指导的任务前准备对任务完成情况的影响。研究涉及指导视角和指导侧重两个变量，交叉形成四种指导模式，通过基本统计信息和半开放式受试回访，发现"微观—内容"模式优于其他指导模式，表现出受试在任务前准备过程中获得论据信息的需求更为强烈。

关键词： 美式议会制辩论；任务前准备；教师指导模式

1. 引言

　　任务型教学法作为交际教学法的一个最新发展，近年来在二语习得领域备受关注。相比于其他类型的口语任务，论说性口语任务能够激发学习者的口语产出量明显更大，学习者个人单次发言时间明显更长，在词汇和结构方面更具复杂性，能够锻炼学习者的口头解决问题能力。论说性口语任务通常需要两个以上的学习者共同参与，实现了自然交际功能。学习者的任务完成情况受多种因素的制约和影响，这种制约作用在任务难度较大时表现尤其明显。在这种情况下，任务前准备就对任务完成情况有着至关重要的影响，有时甚至直接决定任务执行过程是否能够开始。已有研究（如 Crookes，1989；Foster and Skehan，1996；Foster and Skehan，1999）表明任务前准备有利于任务的顺利完成，且教师可采取教学策略来提升任务完成质量。本文即以美式议会制辩论为示例任务探讨如何使教师的角色在任务前准备这一阶段发挥最优作用。

2. 理论回顾

2.1 任务型教学法

　　David Nunan（2004）提到任务型教学法所关注的 6 个原则，其中第一条是"基于学习者需求的内容选择"，第六条是"语言学习课堂与课堂外世界的联系"。这两个原则是相互联系的，即：有必要将语言课堂与课外世界联系起来，这种联系应当通过内容选择来实现；学习任务的内容选择要与课堂外世界有联系，而不能囿于语言课堂这样一个小圈子。

Kumaravadivelu（2006）认为，TESOL 领域"见证了对交际型和任务型教学法的突出认识，以及对塑造语言教室微观结构的社会、文化、经济、历史等社会宏观结构的突出认识"。这一论断从宏观层面上说明了 21 世纪的语言学习必须与非语言层面结合起来，指明了交际发生的大语境、任务设计和意义生成的出发点和归宿点。只有与外部世界的现象、事件、知识、思想相联系的学习任务中所引出的真实情景交际才真正有意义，才能够促进二语学习者的学习。学习者在进行语言输出这一前台活动时，必须有知识储备和思辨能力作为后台。

Ellis（2003）区分了"任务"与其他课堂活动，认为"任务"要求学习者将自己视为"语言使用者"，因为他们必须充分调用在真实语言环境中的交际过程才能完成任务，整个学习过程中语言学习是自然的、"随机的"，而不是"刻意的"；而"练习"仍是将学习者作为"语言学习者"，"刻意学习"的色彩明显。本文认同这些区别，采用 Nunan（1989）对"任务"的定义："在课堂上使用的交际型任务要求学习者用目的语来理解、控制、产出或互动，此时他们的注意力主要集中在意义而不是形式上。任务同时也应具有完整性，可被视为独立的交际行为。"

2.2 任务前准备

2.2.1 准备的分类

Ellis（2005）认为，所有的语言使用行为都涉及到准备，讲话者需要决定说 /写什么、如何说 / 写。Ellis 同时也将任务型教学法中所涉及的准备分为任务前准备（pre-task planning）和任务中准备（within-task planning）。其中，任务前准备又包括排练（rehearsal）和策略性准备（strategic planning）。排练是指对任务的若干次重复，其中第一次任务执行是对以后其他几次的准备。策略性准备是指学习者"通过考虑他们将要进行编码的内容及如何表达这些内容"为任务的执行做准备。这一"考虑"过程实质上主要涉及思辨能力的运用：如何激活自己已有的知识储备、如何尽快获得新信息、如何完成新旧信息的交替、如何组织信息、如何根据语境要素组织表达等。

2.2.2 策略性准备

Ellis（2005）收集了一系列与策略性准备相关的研究。策略性准备对于任务完成情况的影响主要从语言产出的三个方面来分析：流利度、准确度、复杂度。

大多数研究表明策略性准备有助于提高注利度，如 Foster and Skehan

（1996），Skehan and Foster（1997），Wendel（1997），Mehnert（1998），Ortega（1999）以及 Yuan and Ellis（1993）等。

关于策略性准备是否有助于提高准确度的研究结果并不一致。Ellis（1987）、Mehnert（1998）等研究报告了策略性准备有助于提高准确度。Crookes（1989）、Wendel（1997）、Yuan and Ellis（2003）等研究发现策略性准备对提高准确度没有影响。Ortega（1999）、Foster and Skehan（1996）、Skehan and Foster（1997）等研究发现策略性准备对使用特定语法结构的准确性在一些任务中和一些条件下有促进作用。

在策略性准备对复杂度的影响方面的研究结果十分一致，即策略性准备对复杂度有着"明确的、积极的"作用。(Ellis，2005：23) 例如 Crookes（1989）、Foster and Skehan（1996）、Wendel（1997）、Mehnert（1998）、Ortega（1999）、Yuan and Ellis（2003）等研究都证明了策略性准备与复杂度的正相关。但这些研究中对于复杂度的观察量都集中在"更多的复杂句"、"更大的词汇量"、"更复杂的语法结构"、"词汇更丰富的语言"、"每句平均单词数"等，仍然是语言形式层面的关注。

以上引用的研究中所涉及的任务多为叙事性的或决策性的，极少有论说性口语任务，而像美式议会制辩论这样的口语任务难度更高，对学习者的要求也更高，任务前准备对这类任务来说显得更为重要。

3. 研究设计

3.1 研究对象

本研究以美式议会制辩论为学生口语任务，随机选取 48 名英语专业本科三年级学生作为受试，他们在语言方面均属于高水平学习者（TEM4 成绩在 75 分以上），经过美式议会制辩论初步培训后，随机分为 4 组，以分别适应按照教师指导视角（宏观 vs 微观）与指导侧重（内容 vs 结构）两个变量组合成 4 种不同的指导模式。这样就形成 2*2 设计，每种指导模式下有 12 名受试，可进行 3 场任务（每场需 4 人），以便对比。

表1　四种指导模式设计

指导视角 指导侧重	微观 －	宏观 －
内容	模式一（第一组）	模式三（第三组）
结构	模式二（第二组）	模式四（第四组）

对正方一辩发言整体层面的指导为宏观视角指导；

对正方一辩发言中论点层面的指导为微观视角指导；

对正方一辩发言中辩题的含义和定义、各个论点的内容、支撑论点的论据的内容等方面的指导为内容侧重的指导；

对正方一辩发言应当包括几个部分、每个部分的顺序安排、每个论点应当由论点本身和支撑论点的论据共同构成等结构方面的指导为结构侧重的指导。

因此，上表所列各个模式为：

模式一：微观——内容指导，指对支撑论点的论据的内容指导；

模式二：微观——结构指导，指对论点结构的指导，即每个论点不仅包括论点陈述本身，还应当有支撑论点的论据，在有若干个论据时论据的排列顺序要有策略性；

模式三：宏观——内容指导，指对辩题的含义和定义、各个论点的内容的指导；

模式四：宏观——结构指导，指对整个发言应当包括哪几个部分及各部分的顺序安排的指导。

48 名受试随机分为四组，分别处于四个指导模式下，每个模式下同时进行三场基于同一辩题的辩论，在三个不同场地（教室）由三个评委进行录音、笔记、打分。

3.2 数据收集

48 名受试按上述分组计划进行了美式议会制辩论。任务准备及执行流程如下：

辩题发布与辩前准备	25 分钟
正方一辩陈词（PMC）	7 分钟
反方一辩陈词（LOC）	8 分钟
正方二辩陈词（MGC）	8 分钟
反方二辩陈词（MOC）	8 分钟
正方一辩总结陈词（LOR）	4 分钟
反方一辩总结陈词（PMR）	5 分钟

辩题为："Resolved: This House Would restrict western-style fast food franchises in China."

美式议会制辩论要求每两名辩手组成一队，每场辩论需两队即四名辩手分列到正方和反方。为把指导模式的控制差异降到最低，只有研究者一人在辩前准备的分配时间里对正方辩手进行指导，因此四组辩手分别在四个不同时段进行辩论。每一组的 12 位辩手经过有教师指导的辩前准备之后，分别到三个不同场地进行辩论，每个场地有三名评委，负责录音、笔记、评判工作。

为弥补量化分析的纰漏，研究者对受试进行回访，了解受试对不同指导模式的反馈。最后一组辩手结束辩论之后的第二天，研究者另设时间和地点对所有辩手进行了半开放式访谈，主要问题有：

What was your impression of the debating experience?

What progress have you made by performing the debating task?

What would you do in the future to improve your performance?

3.3 数据分析

数据分析的第一步是对每一场辩论任务的全程录音进行回顾，由三位评委独立为每场辩论录音进行打分（其中遇到自己现场打分的场次的评委可维持现场分数），随后将音频资料转写为文本材料。统计各组得分情况、输赢情况、论点、论据数量、重要结构部分如辩题定义、政策框架等是否出现。运用 SPSS 13.0 统计软件对上述材料进行统计描述和相关性分析，观察并总结其规律性，比较四种不同指导模式对辩论表现的影响，选出影响最佳的模式，并结合半开放式访谈考察辩手对该任务和指导方式有效性的看法，以期为影响最佳的模式做出解释。

4. 结果与讨论

4.1 基本描述性数据情况

表2 基本描述性数据统计情况

	变量	Min	Max	Mean	SD
1	正方一辩发言论点数	3	5	4.08	.79
2	反方一辩发言总论点数	3	7	5.67	1.23
3	反方一辩发言驳论论点数	2	5	3.50	.79
4	反方一辩发言立论论点数	0	3	2.17	.94
5	正方一辩发言论据数	1	8	4.17	1.99
6	反方一辩发言论据数	0	7	3.42	1.88
7	正方获胜的场次数	8			
8	反方获胜的场次数	4			

(N=12)

大体看来，在四种指导模式下，反方一辩发言中提出的论点比正方一辩发言中的多。考虑到作为开场的正方一辩发言无需做出任何驳论这一事实，反方一辩论点较多是肯定的。而反方一辩发言中的驳论论点多于立论论点，这一点也是正常的，说明反方一辩履行了交锋职责，对正方的立论论点做出回应。从上表还可看出，正方一辩发言中的论据比反方一辩发言中的多。论据对于论点的质量具有重要意义，一个没有论据支撑的论点是很难有说服力的。在所有 12 场辩论中，正方赢的有 8 场，反方赢的有 6 场。因为正反方一辩的发言对整场辩论的输赢情况具有很强的预测能力，且正方一辩发言是辩前准备成果的直接体现，因此这一差异证明了有教师指导的任务前准备优于无指导的任务前准备。

4.2 相关性分析

尽管各场辩论情况各异，输赢结果有不同的解释，但首先仍有必要对上表中列出的各个变量做双尾 Pearson Correlation 相关性统计。结果如下表所示：

表3　任务表现变量的相关性研究结果

变量	1	2	3	4	5	6	7	8
1								
2	−.062							
3	−.359	.278						
4	.242	.762**	.243					
5	−.182	.544	.229	.373				
6	.218	.576	.091	.369	.295			
7	−.388	−.200	−.231	−.263	.247	−.720**		
8	−.388	−.200	−.231	−.263	.247	.720**	−1.000**	

N=12

**. 相关显著水平定为 0.01。

注：为简明起见，本表中变量用 1-8 数字代替，与表 2 中数字对应的变量名一致。

在 0.01 水平标准上只有四个相关关系显著。首先是反方一辩发言中的立论论点数与反方一辩发言中的论点总数呈正相关，这一点是显然的：立论论点数越多，论点总数必定越多。第二，正方获胜的场次数与反方一辩发言中的论据数呈负相关于 .720 水平。这一关系似乎表明，反方一辩发言中的论据数对于正方输掉的场次有较强的预测力。这说明，论据较多的一方获胜的几率较大。第三，反方获胜的场次数与反方一辩发言中的论据数呈正相关于 .720 水平。这与上一相关表达同一事实。第四，正方获胜的场次数与反方获胜场次数相关于1.00水平，即双方获胜的场次数相加就是总场次数。

相关性研究的结果表现出的真正有用信息并不多，因此有必要对指导模式进行深入探析。

下表是各场次的输赢情况。

表4　各场次的输赢情况

	C1R1	C1R2	C1R3	C2R1	C2R2	C2R3	C3R1	C3R2	C3R3	C4R1	C4R2	C4R3
正方	W	W	W	L	L	W	W	L	W	W	W	L
反方	L	L	L	W	W	L	L	W	L	L	L	W

注：W 代表"赢"，L 代表"输"，C 代表模式，R 代表场地。如"C1R2"代表模式一条件下在 R2 场地进行的辩论。

从上表可看出，指导侧重变量恒定时，在内容侧重指导模式下（即模式一和模式三），微观指导比宏观指导更有效；在结构侧重指导模式下（即模式二和模式四），宏观指导比微观指导更有效。指导视角变量恒定时，在微观视角指导模式下（即模式一和模式二），内容指导比结构指导更有效；在宏观视角指导模式下（即模式三和模式四），内容指导与结构指导无显著差异。

篇幅所限，本部分仅对模式一和模式三概况进行报告。

表5　模式一概况

模式一 （微观 - 内容）		论点总数	论点数		论据数	结果
			立论论点数	驳论论点数		
C1R1	正方一辩	3	3	—	6	W
	反方一辩	7	3	4	3	L
C1R2	正方一辩	3	3	—	8	W
	反方一辩	7	2	5	5	L
C1R3	正方一辩	5	5	—	6	W
	反方一辩	7	3	4	3	L

在该模式下同时进行的三场辩论中，正方的论据均多于反方，且每一场次都是正方胜出。C1R1 中的正方共有 6 条论据，C1R2 有 8 条，C1R3 有 6 条，明显多于其反方的 3 条、5 条和 3 条。这表现出论据总数与获胜几率呈正相关。以

C1R3 为例，其正方一辩发言包含 3 个论点、6 条论据，即平均每个论点有 2 条论据支撑，而其反方一辩发言包含了 7 个论点、3 条论据，即平均一半的论点没有论据支撑。正方一辩发言中有两条论据（"中国的两个重要旅游景点的显眼位置都有一家西式快餐店"）均来自辩前准备中教师指导，辩手在证明其"西式快餐店带来的文化入侵对中国而言是一大弊端"这一论点时运用了这两条论据，效果理想。

尽管模式三条件下的三场辩论中有两场是正方胜出，但正方的比较优势并不如模式一中的优势明显，如下表所示：

表6 模式三概况

模式三 （宏观 - 内容）		论点总数	论点数		论据数	结果
			立论论点数	驳论论点数		
C3R1	正方一辩	3	3	—	4	W
	反方一辩	5	2	3	2	L
C3R2	正方一辩	4	4	—	3	L
	反方一辩	6	3	3	5	W
C3R3	正方一辩	4	4	—	3	W
	反方一辩	6	2	4	3	L

该模式下同时进行的三场辩论中，正方的论据数分别为 4 条、3 条、3 条，明显少于模式一条件下的 6 条、8 条、6 条。这说明，学习者在就某一主题内容进行口语产出时，有时也能够想到一些探讨问题的大致方向或方面，但在短时间内对这些大致方向进行细化、对自己的观点进行进一步阐述或试图说服他人时，仍然不能及时地在线援引有力的论据来支撑观点。

以此观之，模式一条件下的受试表现优于其他三个模式。这一结果表明，学生在该任务准备过程中有对相关知识和信息资源的需求，这一需求的强烈程度超过了他们对结构优化的需求。这一模式突出地反映了受试学生知识储备的欠缺。对于这一模式的有效性，我们也应当批判地看待。当该任务处于竞赛状态时，这种指导模式无疑非常有利，正如在本研究中所证明的一样，短时间内知道一些重要论据信息对于整个任务的顺利完成非常重要。但对于长期的学习来说，这一模式未必是最优化的。在信息时代，信息的获取并不困难，如果单靠教师来提供信息，不仅会使学生产生依赖心理，更不利于学生主体作用的发挥，违背了任务型教学的原则。

4.3 质化研究结果

任务执行过程结束后，研究者对学习者就他们对该任务的看法、对任务完成情况的印象及今后如何进一步提高在任务中的表现这三个问题进行了半开放式访谈，学习者的反馈信息都十分积极。

当问及对美式议会制辩论这一任务的看法时，大多数受试报告说他们通过这一任务意识到了实质性信息在说服过程中的作用，其中一位辩手还特别谈到"论点—论据"这一微观结构使她有了可持续的口语产出。如 C1R2 的辩手谈到，"我第一次辩时只说了 3 分多钟，离 7 分钟的发言要求差得太远了，当时干巴巴地站在台上实在是太难堪了。现在我知道并不是所有人都会完全理解你在说什么，所以你必须要有细节的、真实的信息来把你要讲的点说明白。"

还有的辩手谈到组织和结构方面的训练使他们受益。如 C4R2 的辩手谈到，"我以前也挺能说的，但一般都是想到哪儿说到哪儿，自己都觉得很混乱。现在好多了，知道大处小处都需要组织。"

大多数辩手还谈到这一活动迫使他们从以前没有尝试过的立场出发来考虑问题，拓展了他们的思维。

5. 结论

美式议会制辩论以争议性话题、有限的任务前准备时间、较长的个人单次发言时间向二语学习者提出了较高的要求，同时又为任务型教学课堂提供了一个可控的、集约的任务类型。本研究是对教师在这一任务的准备过程中的选择性作为的一种尝试，发现了"微观—内容"模式的相对优势。以议会制辩论为依托做好任务型教学，必须重视非语言元素，重视教师在这一领域的指导，避免教师在任务型教学实践中只是设计或挑选一个学习任务，在课堂上把任务"扔"给学生让学生自己去做，无法为学生提供有效的帮助，导致教学的效率和效果都差强人意；或者为学生提供的帮助和指导过多地集中于语言方面而忽略了内容和结构，违背了语言的意义优先性和任务型教学的内容中心。

习得一门第二语言，不仅仅是要有准确的语法、流利的口齿、复杂的词汇，更重要的是学习者能够有思想、有组织地来发展和支撑自己的想法，用第二语言成功地表达自己的思想，完成讨论、说服等相对高级的交际目的。笔者将知识储备和思辨能力并提，将其作为语言能力之外的两个重要能力，正是基于二者的根本关联：没有知识储备，就难以有思辨能力的发生，好比"巧妇难为无米之炊"；没有思想的粮食，没有思想的客体、对象和刺激，思辨就无法进行。

　　本研究的局限性在于：每个指导模式下只有三场辩论同时进行，任务样本偏小；任务完成情况的评价标准不够细化，缺少操作性强的细化指标。有待同仁的修正补充和完善。

参考文献

Crookes, G. Planning and interlanguage variation [J]. *Studies in Second Language Acquisition*, 1989 (11): 367–383.

Ellis, R. Interlanguage variability in narrative discourse: style shifting in the use of the past tense [J]. *Studies in Second Language Acquisition*, 1987 (9): 12–20.

Ellis, R. *Task-based Language Learning and Teaching* [M]. Oxford: Oxford University Press, 2003.

Ellis, R. Planning and task-based performance: Theory and research [A]. In R. Ellis (ed.) *Planning and task performance in a second language*. Amsterdam: John Benjamins, 2005: 3-34.

Foster, P. & P. Skehan. The influence of planning on performance in task-based learning [J]. *Studies in Second Language Acquisition*, 1996 (18): 299-324.

Foster, P. & P. Skehan. The influence of source of planning and focus of planning on task-based performance [J]. *Language Teaching Research*, 1999 (3): 215-247.

Kumaravadivelu, B. TESOL Methods: Changing Tracks, Challenging Trends [J]. *TESOL Quarterly*, 2006 (40): 59-81.

Mehnert, U. Length of Planning Time and L2 Performance [J]. *Studies in Second Language Acquisition,* 1998 (20): 109-122.

Nunan, D. *Designing Tasks for the Communicative Classroom* [M]. Cambridge: Cambridge University Press, 1989.

Nunan, D. *Task-based Language Teaching* [M]. Cambridge: Cambridge University Press, 2004.

Ortega, L. Language and Equality: Ideological and Structural Constraints in Foreign Language Education in the U.S. [A]. In Thom Huebner and Kathryn A. Davis (eds.) *Sociopolitical Perspectives on Language Policy and Planning in the USA*. Studies in Bilingualism, 16. Amsterdam/Philadelphia: John Benjamins, 1999: 243-266.

Skehan, P. & Foster, P. Task type and task processing conditions as influences on foreign language performance [J]. *Language Teaching Research*, 1997 (1): 185-211.

Skehan, P. Task-based instruction [J]. *Annual Review of Applied Linguistics*, 1998 (18): 268-286.

Wendel, J. Planning and second language narrative production [D]. Unpublished doctoral dissertation. Temple University, 1997.

Yuan, F. & Ellis, R. The effects of pre-task planning and on-line planning on fluency, complexity and accuracy in L2 oral production [J]. *Applied Linguistics*, 2003 (24): 1-27.

辩论式英语口语教学与思辨能力培养

王博佳

西安外国语大学英文学院

摘要： 辩论式英语口语教学是将辩论比赛这一形式引入到英语口语课堂中，其目的在于提高英语学习者语言输出的质量，促进学生思辨能力和综合素质的提高。本文在分析英语专业本科口语教学并引入辩论式教学模式的基础上，分析评价辩论式英语口语课教学效果和特点，认为在高校英语专业开设辩论式英语口语教学课程，对以素质教育和培养学生批判性思辨能力为目标的教学改革具有十分积极的意义。

关键词： 英语专业；辩论式口语教学；教学模式；思辨能力培养

引言

教育部颁布的《高等学校英语专业英语教学大纲》（以下简称《大纲》2000年）中就明确规定，高等学校英语专业基础阶段的主要教学任务是，要使学生"具有扎实的基本功、宽广的知识面、一定的相关专业知识、较强的能力和较高的素质。也就是要在打好扎实的英语语言基本功和牢固掌握英语专业知识的前提下，拓宽人文学科知识和科技知识，掌握与毕业后所从事的工作有关的专业基础知识，注重培养获取知识的能力、独立思考的能力和创新能力，提高思想道德素质、文化素质和心理素质。"

但是，十年多过去了，目前大部分高校的英语专业教学仍然采用学位必修课的形式，课程设置多以读写、听说等必修课为主，教学重点依然放在语言的基础训练和基本技能的培养上。那么该种教学模式所培养的学生是否与社会的实际需求相匹配呢？

笔者通过抽样问卷调查和随机访谈等形式对用人单位、毕业生、在校学生所进行的有针对性的调查结果显示，用人单位对高校英语毕业生英语水平的整体评价是：阅读能力较强、但听说能力偏弱。已经走上工作岗位的毕业生也认为，他们在英语运用上的薄弱环节是口语交际能力较弱。笔者对多次参加辩论赛、英语演讲比赛的评委进行访谈时，他们大都认为，目前我国英语专业的学生的确存在着思辨能力不强、知识面不宽，语言逻辑性较弱等问题。

从近年来英语专业本科生在校学习情况来看，大多数学生为了应付课程和考试，拼命地背词汇语法、大量地做习题，缺乏广泛阅读和听说训练，因此自身的思辨能力和自如驾驭语言的能力较差，在不少学生中存在"思辨缺席"的现象。用高素质、应用型和创新型专业人才标准衡量，我国英语专业学生的确在运用英语思维交流和信息获取等方面的能力还有很大欠缺。

以上状况在一定程度上反映出我国高校本科生的英语口语教学与经济社会发展以及人才培养目标还存在相当大的差距。那么如何突破传统英语教学模式，顺应时代潮流，本文单就如何突破传统的口语教学模式，实现向辩论式英语口语教学模式的创造性转换，谈谈个人的一点浅见。

1. 辩论式英语口语教学由来

辩论（debate）就是彼此用一定的理由来说明自己对事物或问题的见解，揭露对方的矛盾，以便最后得到正确的认识或共同的意见。辩论学是一门古老的学科和艺术。早在 4000 年前，人类就开始了辩论活动。在西方，古希腊的三位哲学大师——苏格拉底、柏拉图、亚里士多德为世界辩论学开创了先河。我国历史上的春秋、战国时期也曾出现过"百花齐放、百家争鸣"的局面。20 世纪 80 年代以来，各种形式的大专辩论赛进入了我国高校校园，逐渐将辩论这种形式推向了高潮。通过这种赛事，参与者的分析、综合、判断、思辨和语言表达能力都得到了极大的锻炼和提高，因而英语辩论赛一直很受大学生的欢迎。

辩论是语言的交锋，思维的碰撞，智慧的较量。英语辩论使辩手们真正用另一种语言进行思考，用另一种语言进行交流。辩论时，外语不再是书本中的语法，试卷上的习题，更不是交流中的障碍，而是真正成为传递思想、实现交流的工具。

辩论式口语教学就是将辩论这种形式引入到课堂教学活动中。其目的有二：一是可以锻炼学生英语听、说、读、写、译的综合应用能力，提高学习者语言输出的质量；二是可以较全面地提高学生判断分析、求异思维的胆识和能力。在西方一些教育发达的国家，辩论式教学早在中世纪就已经开始了。欧洲中世纪大学的教学方法主要有读课和辩论两种。辩论的方法有两个学生或两组学生的对辩，也有一个学生就某一问题的正反两面自问自答的独辩。自中世纪起，牛津、剑桥大学就将辩论课列为本校的一门必修课。在我国，北京大学早期曾在英语专业开设演讲辩论课，随后北京、上海、西安等地区的高校从 20 世纪末陆续开设了演讲、辩论课程，也有一些高校和外语类院校将这些课程作为选修课。

2. 加大辩论式英语口语教学比重的必要性

近年来，随着 SLA（Second Language Acquisition）研究的发展，外语教学研

究的重点逐步由传统的外语教学研究过渡到了以"学习者为中心"的教学方法研究上来。人们逐渐意识到对学习的最终结果起决定作用的是学习者本人，任何成功的教育都必须充分考虑到学习主体的个性特点。

英语专业本科语言训练教育既不同于大学本科其他专业的外语教育，也不是中学英语课堂简单的"延伸"，它是高一层次的教育和训练，有着明显的阶段特征。大学生时代的年龄、阅历、生理和心理上决定了他们在知识储备、知识结构、智力发展和志趣抱负等方面已接近成熟，拥有较为稳定的人生观、价值观和生活取向。因此，针对这些特征，我们在语言教学时应该特别注意加大训练学生提出问题、思考问题和解决问题的能力。

根据笔者近两年对本科生随机抽样所作的问卷调查和面对面的访谈，这几年大约有 75% 的学生在入校前就拥有了最基本的语言表达能力和基础知识，入学后更渴望用英语实现双向交流而不仅仅是单向地获取信息。因此，对英语专业大学生教学内容应从语言基础知识的训练转向语言运用技能的培养，以往的英语口语教学的模式也亟须转变。积极创设相应的语言教学环境鼓励学生求索发现新语料、增强他们的团队合作意识、激活学生的创造性和思维潜能、促进其语言的产出和批判性思维的活跃，这些都是教师在组织教学时必须认真具备的基本教学理念和课程设计实施的思路。当然，学生要想熟练地运用英语语言这门工具，实现与国际人士的自如交流的目的，就必须勤学苦练，积极有效地拓宽知识面，改变原有的知识结构，只有这样才能发展自己的逻辑思维，不断提高语用能力，丰富自己的人生智慧。

3. 辩论式英语口语教学的设计与实施

辩论式英语口语教学的课程设计和实施可采用英国议会制辩论（British Parliamentary）形式，整个设计与实施过程大体包括以下三个方面：

3.1 准备阶段

本着随机、合作和便利的原则，对正反双方的辩手进行分组，两个正方队伍，两个反方队伍，每队有两个辩手。老师负责整个辩论现场的主持、语言衔接和气氛协调，由所有的学生听众进行评判，最后以计票的形式决出优胜队和最佳辩手。评分标准涉及思辨与反应能力、语言组织能力与连贯性、团队配合和举止风度等若干方面。

辩题力求选择学生普遍关注的个人发展或社会热点话题，例如，"同意捐献器官的罪犯能否获得减刑"；"中国应不应该对富人征收遗产税"；"是否应该把参加公开辩论作为参选国家公务员的先决条件"等。辩题的设计是辩论式英语口语教学成败的关键。一个有意义的、适合辩论的话题是激发学生辩论动机的至关重要的因素。学习者参与意识的提高促进了语言的输入和输出，语言的习得也随之应运而生。Rod Ellis 在"话题假设"中指出"只有当学习者能够就对话中的话题进行命题和控制时，才便于语言的习得"（Ellis，1990）。辩题确定之后，应让学生有一定的准备时间，让他们通过报纸、书籍和互联网搜集相关信息，充分做好辩论前的准备工作。

3.2 教学设计与实施

整场比赛分为辩论、观众提问、宣布结果、学生点评和教师总结评讲五个阶段，整个过程用英语进行，教师负责协调解决学生英语表述中的困难之处。考虑到辩论式英语听说教学与正式比赛之间的差异，比赛各阶段的限制时间及辩手的发言时间可视具体情况适当延长。为了使更多的学生参与辩论，观众的提问时间也可适当延长。另外附加了学生点评和教师总结评讲两个阶段。

3.3 赛后反馈总结

为了把辩论课深入下去，使教学效果得到反馈，教师在赛后课下还应该做好对学生随机访谈，询问辩论赛前后学生内心的感受、赛前的准备、赛后的收获等。这些跟进性工作做好了，就会为下一次辩论课的辩题筛选、辩论形式的改善以及提高教学效果等提供有用的帮助。

4. 辩论式英语口语教学效果刍议

从辩论式英语听说教学实施的效果看，学生对于辩论式英语听说教学的接受、反应和认同程度都远远高于以往的教学形式。其一是学生的参与意识普遍增强。刚开始上这门课程时，仅有一少部分学生有参与辩论的欲望，绝大多数学生表现出忐忑不安，甚至畏惧和恐惧心理。不少学生认为，中文辩论都有一定的难度，更何况是英文辩论。然而，辩题提出后，学生的参与意识有了明显的提高，有些学生甚至主动要求参加辩论。通过资料搜集、小组之间的讨论、交流和观点整合等，调动了学生主动学习的愿望，培养了他们的团结协作精神。其二，可以明显提高学生语言的输入和输出能力。研究表明，语言信息的传递过程是由语言听辨——信息处理——语言产出（贺方明等，2003）这三个环节循环往复进行的。从问卷调查、现场观察和对学生的随机访谈综合情况看，在辩论赛中，能完全领会和理解对方的观点、含义的学生大约有一半左右，还有一半大都是透过只言片语连懵带猜，强迫自己回应对方。在辩论课上，一些平时在课堂上总是保持沉默的学生也开始发言了，课堂气氛也变得越来越轻松活跃了。有的学生辩论后表示，当理解对方的含义却无法用英语回应对方时，就会有一种"这么多年学的英语到哪里去了？"的负罪感。

这些状况说明英语专业学生的语言听辨和产出能力还有巨大的提升空间。但是从课程进度看，随着辩题内容的深入，在赛场压力和动力的驱使下，语言输入、输出机会逐渐增多，学生语言输入、输出的能力和质量也会随之不断提高。其三，学生的认同度提高。学生的认同情况包括两个方面：即学习者对于自我在场上表现的认同和对于辩论式英语口语教学的认同。调查表明，近一半学生对于其在场上的表现不满意或不是很满意；多数学生认为在辩论中自己还有提升的空间；优胜队和最佳辩手明显流露出一种自豪感。这时教师在评讲中尽可能多地使用鼓励、认可性语言，这对学生以后的课堂表现起着明显积极的作用。调查还显示：大多数学生认为采用辩论式英语口语教学的效果比较好，因为辩题是与他们的生活、经历和学习密切联系的话题，激发了他们对于社会热点问题的关注和批判性思维的训练。因此，学生们在辩论中英语学习的兴趣和热情普遍比较高涨。

5. 辩论式英语口语教学的评价

建构主义理论认为知识不是通过教师传授得到的，而是学习者在一定的情境，即社会文化背景下，借助他人（包括教师和学习伙伴）的帮助，利用必要的学习资料，通过意义建构的方式获得的。辩论式英语口语教学就是在这种理论指导下，为学习者创造了一个表达思想的真实环境，学习者在动力和压力的驱使下通过多种渠道主动地获取信息、探求知识、通过分析、归纳、综合和推理形成本团队的思想，在此过程中学习者自身的语言能力和思辨意识获得提升。英语专业学生辩论式英语口语教学与传统听说教学之间有着明显的不同，其特点可概括为以下几点：

5.1 教学模式的转变

a) 学生、教师角色的转变

在辩论式英语口语教学的整个过程中，学生从原来被动地接受知识灌输的对象转变为教学活动的主体、参与者、团队合作者和意义建构者。教师由原来的课堂控制者、提问发出者转变为辩论活动的组织者、协调者、引导者和倾听者。教师课堂控制力的"淡化"为学习者提供了更多可以表达真实感受的空间。

b) 学习动机的转变

Gardner 和 Lambert 在对外语学习者动机的研究中将外语学习的动机划分为工具型动机（instrumental motivation）和综合型动机（integrative motivation）两种（William，1990）。我国目前本科生英语学习的动机更突出地表现为二者兼有的"双重型动机"（高一虹等，2002）。辩论作为一种口语训练的方法，为学生提供了最好的学习动机。学生在辩论过程中一般有两个目标：一个是暂时的，即赢得团队的胜利；一个是长远的，即增长知识和提高能力。这两种动机的结合形成了学生群体最适合的学习环境，于是学习者的研究分析能力和口头表达能力都得到了锻炼和提高。

c）评价机制的转变

辩论式英语教学评价机制的变化体现在评分标准、评价人和教师的评价语言上。除了注重语言表达的正确性和流利度之外，语言内容的协调一致性、独创性和团队合作也成为评分的一项内容。此种评价机制并不是抓住学生的语法错误、搭配不当、用词欠妥不放，而是对语言所要表达的内容给予了应有的注意。教师在评讲中所使用的赞扬和鼓励的语言有效地促进了学习者英语学习的自信心。在传统的听说课堂中教师永远都是提问的发出者和正误的判断者，而该教学模式却将所有的观众学生纳入到评判者的行列，评判者的责任心和使命感促使他们认真聆听辩手的发言、注意语言的完整性和创新性、对辩手的表现给予客观公正的评价。于是学生观众、学习者的听力、判断能力和分析能力也随之提高。

5.2 语言与思想的双重输出

Swain 强调，输出是习得外语的重要条件，如果学习者希望他们的外语既流利又准确的话，不仅仅需要可理解输入，更需要可理解输出（comprehensible output）（Swain，1985）。因此，辩论式英语听说教学是辩论者（辩手和观众）通过自己的强制性语言输出（pushed output）所进行的一种对目的语的假设进行检验的过程。

在辩论过程中学生注意到了自身所存在的语言问题，并学会了使用英语思维，对英语的结构形式进行修正，通过双方的自由辩论（意义协商，negotiation of meaning）（Ellis，1997），把语言形式与对方试图表达的意义相互联系和匹配起来，并与对方的理解保持一致。如果该过程不能顺利进行，那么新一轮的意义协商（驳论、自由辩论）又将重新开始。因此在辩论中语言学生的兴趣不仅在于语言的听辨，而且在于语言的产出上，随着语言输入和输出的交替出现，促使学生掌握英语的语言形式，并流利、准确地运用这些形式，达到英语语言输出的自动化，提高语言输出的质量。

实践表明，辩论的过程不仅是语言形式的输出，更是思想的碰撞、思维的较量和逻辑思维能力的展示。在双方唇枪舌剑的过程中，学生往往可以从狭隘的纯语言视野中解脱出来，它改变了以往外语教学中重语言轻内容的格局，强化了以英语的形式来表达自己的论点和思想内容，实现了语言与思想的双重输出。

5.3 学生综合素质的提升

在辩论前获取信息的过程中，学生所收获的不仅是丰富的英语语料，拓宽的视野、开阔的思路和兼收并蓄的知识交融，更是他们自主学习和合作学习能力的拓展。辩论过程锻炼了学生敏捷的思维、快速的语言反应和思辨能力。辩论结束后学习者所获得的"最佳辩手"、"优胜队"的称号以及教师在评讲中所使用的赞扬和鼓励的语言有效地促进了学习者的自我认同，他们的自信心明显增强了。在第二语言环境的中国外语学习环境中，自信是学生认同变化中最重要的方面。绝大多数的学生克服了以往在口语课堂中不敢说、不愿说的心理状态，自信地面对英语，从而在一定程度上改变了学生英语学习的认知和态度，达到了整体人的成长。

6. 结语

现代语言教学论认为，任何教学模式的确立，一方面要受教学理论的影响，另一方面也取决于语言学习者对所学语言的需要、学习者的语言基础、教学条件以及最终需达到的教学要求。我国英语专业学生作为大学校园里的一个特殊群体，他们拥有一定的英语语言积累和应用能力，有着强烈实现双向交流的动机，并基本具备独立学习和独立思维的能力。所有这些都为英语专业学生辩论式英语口语教学的开展提供了充分的必要条件。

辩论式英语口语教学模式可以为英语专业的学生提供探索、发现、学习、提高和表达思想的空间，把传统的听说课堂变为辩论室和讨论室。学生在论辩的过程中，不仅语言的准确性和流利度有了提高，更重要的是他们的逻辑思维能力和外语学习观念发生了质的变化。因此，在我国高校英语专业适时地调整课程设置，增设有助于发展学生思辨能力、创新能力和说理能力的讨论式和启发式的辩论式英语口语教学课程，对于当今以素质教育为目标的教学改革具有十分积极的建设性意义。

参考文献

Ellis, R. *Second Language Acquisition* [M]. Oxford: Oxford University Press, 1997: 141.

Ellis, R. *Instructed Second Language Acquisition: Learning in the Classroom* [M]. Cambridge, Mass.: Basil Blackwell, Inc., 1990: 124.

Swain, M. Communicative Competence: Some Roles of Comprehensible Input and Comprehensible Output in Its Development [M]. In Gass, S. & Madden, C. (eds.). *Input in Second Language Acquisition*. Rowley, Mass.: Newbury House,1985.

William, L. *Foreign and Second Language Learning* [M]. London: Cambridge University Press, 1990: 55-57.

贺方明、周虹、邹冠军. 掌握教学规律优化教学程序——关于提高硕士研究生英语口语能力的思考与探索 [J]. 学位与研究生教育，2003（2）：34.

高一虹、赵媛、程英等. 大学本科生英语学习动机类型与自我认同变化的关系 [J]. 国外外语教学，2002（4）：23.

口语教学与"思辨能力培养"
——一项对英语辩论课程中学生反思日志的研究[1]

林 岩

北京外国语大学英语学院

摘要： 本文旨在通过分析辩论课程中的学生反思日志，探索在英语口语教学中培养学生思辨能力的方法。为此，作者抽取了 20 名英语专业学生为英语辩论课所写的 60 篇反思日志，从他们对辩论各方面的关注情况和反思层面进行分析，发现撰写反思日志有益于锻炼学生思辨能力，促进他们的目标语言使用能力，并有助于师生之间的沟通，进而促进教学。因此，反思日志在重视培养思辨能力的英语教学中应占有一席之地。

关键词： 反思日志；英语口语教学；思辨能力

1. 引言

什么是语言？它的功能和作用是什么？它与思维的关系是什么？对于上述问题的思考从未停止过。随着时间的推移，人们对语言和它与思维之间关系的认知不断变化。发展到今天，人们从认为语言是表达思想的工具已经发展认知到语言与思维是相互影响相互促进的两个方面，即两者是分不开的，无法各自独立发展的。语言既是思想的反映也是对思维的促进；思想通过语言表达也反过来造成语言的变化。

基于上述认知的变化，语言教学从重视单纯的语言技能训练向在培养语言技能的同时培养学生思辨能力的方向发展。我国高校英语教育界也认识到单纯培养学生的语言技能已无法满足社会的需要，也无法满足学生自身发展的需求。因此，英语教学应该重视思辨能力的培养已在英语教育界达成基本共识（孙有中，2011）。

共识已经达成，如何培养学生的思辨能力成为我们思考的重点。笔者在教学实践中发现反思日志是一个很好的工具。它既能促进学生思辨能力的发展也有益于学生语言能力的提高，同时还可以帮助教师了解学生的学习需求、学习进程、和学习中的困惑等。反思日志在教育中的运用由来已久，它得到运用比较多的领

---

1 转载自《外语与外语教学》，2012 年第 5 期。

域是职业教育，如师范教育和护理培训等。中国英语教学领域对它的研究还比较少。本文以笔者教学单位开设的英语辩论课为例展示反思日志在促进思辨能力为目的的英语教学中的功能和作用。

本文将首先回顾文献中'反思'的定义，阐述提倡反思的理论基础，然后以笔者在教授英语辩论过程中对反思日志的使用为案例探讨如何通过让学生撰写反思日志培养他们的思维能力，以及教师如何利用反思日志这一工具指导学生、改进教学。最后总结出反思日志在英语教学中的主要作用。

2. 反思及其与批判性思维的关系

从历史上看，杜威（Dewey，1933）在汲取了柏拉图、亚里士多德、孔子、老子等思想家和教育家的思想后首先提出了"反思"的概念。他认为反思是一种特殊的找出问题答案的过程。这个过程需要主动地将现有的思想与之前的思想相互联系起来，利用任何形式的知识和理论去解决问题。Kennison and Misselwitz's（2002）把"反思"定义为对于由最近的体验所引发的思想、情感和所发生的一切进行有目的的思考。在这一思考过程中，人们会对自己最初的想法和情感进行审视、分析、评估，并可能进行修正，进而使自己的体验对学习产生意义。戴维斯（Davis，1990）给"反思"下了两个定义：一个是"产生更深刻的理解"；另一个是"沉思、回想"（meditate and think back）。他进而建议在回想的时候应该把自己回放到当时的学习情境中来对当时的经历进行思考。

基于上述观点，我们可以把"反思"理解为一种回想，一种对过去的体验的审视、分析和评估。反思既是一种思想状态也是一个思想过程，它所产生的结果是对体验的更深理解。

至于反思与批判性思维的关系，杜威（Dewey，1916）指出反思可以引导批判性思维，它可以对某一状况进行深度和细致的评估和分析，最后得出结论。而Alfaro-Lefevre（1995）认为反思本身就是批判性思维的过程。Hatton and Smith's（1995）把反思分为三个类型：描述性反思（descriptive reflection）、对话性反思（dialogic reflection）、批判性反思（critical reflection）。根据他们的观点，在我们对事件进行描述时反思就开始了。描述性反思不仅包括对事件的描述而且提供事件的理由，它的目的在于找到"最好的"行动方案。对话性反思的重点是"倾听自己的心声"，即与自己对话并探求找到问题答案的其他途径。批判性反思则是要思考自己的行动在社会、政治或文化等因素的作用下对他人产生的效果。由此，我们可以看出，反思可以分为不同类型，而其中则包含批判性思维。本研究中学生对辩论的反思既有描述性也有对话性和批判性。

3. 在英语教学中使用反思日志的理论基础

提倡学习中的反思具有广泛的理论基础。从关于学习的一般理论（general learning theory），到关于成人的学习理论（adult learning theory），再到关于体验式学习理论（experiential learning theory）中都可以找到关于反思重要性的论述。首先，教育理论家杜威提出要使学生积极地投入到有意义的学习中需要一个有益的学习环境。这个环境应该能使学生以自己的方式对目标内容进行学习，而体验式学习可以提供这样一个学习环境。在这样的环境下学生才能有学习的内在动机（Dewey，1938）。他所提倡的是一个能使学生进行有意义的学习的教育体验。但是，仅仅是体验不能使人学到东西，体验后的反思才是通往学习的桥梁。杜威（1933）说"我们并非通过体验来学习，而是通过对体验的反思来学习"（78）。杜威的观点得到了很多学者的支持。比如塔夫（Tough，1968）通过对针对成年学习者的学习项目进行研究发现，能使成年人进行独立学习、自我选择、自我主导的学习项目具有非凡的意义，这样的学习项目能提供反思的机会并促进学习。考尔博（Kolb，1984）也提倡体验式学习，强调反思是一个必要的、使学习者参与的过程。他提出体验式学习需经过的四个阶段：体验—反思—抽象提炼—应用。反思是得到新知识的必经阶段。根据考尔博的体验四阶段论，学生在撰写反思日志时可能会从描述他们的体验开始，进而对体验做出反思，对他们在体验中产生的思考或问题进行分析，探讨解决问题的答案，提炼出体验的意义，最后达到从体验中学习的目的。这样的反思就会取得杜威所说的提供有益的学习环境的效果。

心理治疗专家卡尔罗杰斯（Rogers，1982）表示对在学习中使用反思日志的支持。他认为学习者是自己学习和发展的专家，他们最了解自己的需求。他说："唯一能够对行为产生重大影响的学习是自我发现式的、自发的学习"（Rogers，1982：223）。撰写反思日志可以给学生提供发现自己，理清思路的机会，也因此给学习创造了肥沃的土壤。

Vygotsky（1986）的理论可以从另一个角度给反思日志提供支持，即反思日志可以帮助学生理解自己与外部世界的联系。它提供一个媒介使学生能够通过内部对话（inner dialogue）将思想、情感和行动联系起来。Boud（2001），Goldsmith（1996）和Moon（1999）相信撰写反思日志可以促进成年学习者高层次的批判性思维。

综上所述，在教学中使用反思日志具有广泛的理论基础，从理论上讲是一项有益的活动。

4. 对反思日志在教学中应用的研究

反思日志在职业教育中，特别是师范教育中运用较多（Chitpin，2006），主要研究反思如何能够帮助师范生成长为合格的教师。反思日志在其他学科教育中也有运用。例如 George（2001）描述了反思日志在计算机教学中的使用；Harris（2007）在南非一所大学的护理系进行了一项行动研究，建立了一个批判性反思活动的模型；Pavlovich（2007）探索了在高等教育管理课程中对反思日志的设计和评估。她的研究从四个方面对反思进行了评估：描述经历、分析经历、产生新的意义和理解（creating new meaning and understanding）、为改变而行动（actions for change）。本研究将采用她的评估方法对反思日志进行分析。

与反思日志在其他学科教育的研究相比，英语教学领域对反思日志的研究还比较少。仅有的几个，如 Nunan（1996），Young and Sim（2001），Douillard（2002）主要关注学生的学习策略和元认知的发展，而对于学生思维的发展关注较少。崔琳琳（2006）的研究通过学生的反思日志分析了他们反思水平的发展以及语言学习元认知水平的发展。她在北京某大学教授三年级英语专业翻译课时要求学生通过写日志对他们每周的翻译作业进行反思。之后，她对反思日志中反映出的反思层次和英语学习策略性知识进行分析，得出结论：经过反思练习，学生的反思水平由简单的汇报事实提升到更为复杂的反思；学生的语言学习元认知水平也有所提高。

反思日志作为教师与学生交流沟通平台的功能和学生的反思过程还没有得到充分研究。本文将在接下来的第 4 部分对作者所在大学的学生为辩论课所写的部分反思日志进行定性分析，探讨学生的反思过程（即学生反思中的关注点和思考的深度）和反思日志对教学的促进作用。

5. 如何在英语教学中通过反思培养思辨——辩论课中反思日志的使用

5.1 研究背景

笔者所在大学英语系为大学二年级学生开设英语辩论课，在下半学期采用英国议会制辩论，每周 8 名同学进行辩论，其余学生做评委。教师要求学生在辩论之后将自己的辩论演讲转写出来并撰写反思日志，对自己在辩论中的表现和本轮辩论做出反思。教师在收到反思日志后会在上面写出对学生的辩论和反思的反馈意见，之后返还给学生。

5.2 研究问题

本研究试图回答以下两个问题：

1）学生对辩论的哪些方面关注思考较多？

2）学生进行哪个维度的反思较多？

5.3 研究方法

为了回答上述研究问题，笔者从自己所教班级的 77 名学生中随机选取了 20 名学生的反思日志（每人三篇），共 60 篇进行分析。每一篇进行两轮分析：第一轮按照辩论的各方面（即论点，论据，辩论技巧，辩论准备，角色完成情况，语言，演讲方式，演讲结构，反驳，提问，辩题分析，辩论方法）分析反思中学生对上述各个方面的关注度；第二轮按照 Pavlovich（2007）的方法从四个方面（描述、分析、产生新的认识、将要付诸实践）对反思的层次进行分析。

在第一轮分析中，将每一篇日志中对辩论方面所含各项的评论次数记录下来。之后，用每一项在所造 60 篇中的评论总数除以 60，得到辩论方面各项在 60 篇日志中的比例，通过上述计算，可以得到辩论方面各项在 60 篇日志中得到评论的相对频率（陈小荷等，2000），从而了解到学生对辩论方面各项关注度的总体情况。下表 1 也给出了对辩论方面各项进行评论的学生人数，以便读者更好地解读数据。

5.4 结果与讨论

辩论的各方面得到学生的关注程度在下面的表 1 中列出。表中的百分比由在日志中提到该方面的次数除以日志总数（60）获得。

表1　辩论各方面得到学生的关注

辩论方面	论点	论据	技巧	准备	职责 *	语言	方式 *	结构	反驳	提问	辩题分析	辩论方法
人数	20	13	10	9	8	7	6	6	4	4	3	3
次数	60	36	27	27	24	18	18	18	12	12	9	9
次数百分比	100%	60%	45%	45%	40%	30%	30%	30%	20%	20%	15%	15%

* 职责 = 在辩论中担任的角色职责完成情况；方式 = 辩论方式（delivery）

受学生关注度最高的是辩论中使用的具体论点（specific arguments），所有学生（100%）都会在反思日志中讨论他 / 她在辩论中提出的某一个或两个论点，有些是对论点进行重新论述或对为什么用那个论点做出解释，有些是对论点经反思做出评价。

例如[2]：$S^3$1："I think I didn't explain the first one clearly about what the pressure is

---

2　文中所有例子全部来自学生日志原文，作者未加任何修改。

3　S 代表 student。

on the state-owned media. As a government official, I can't say that we give it pressure when its articles hurt our interests."（对论点进行评价）

S2："We encourage them for the benefits they will bring and encouraging private media means to offer them broader opportunities to get into the market and to operate according to the market rules. From this perspective, private media operate on their own, but must be under government supervision when it comes to something may threaten our society."（重新论述观点）

论点承载了讲话人所要传达的主要内容，论点的质量在很大程度上能决定辩论的胜负，因此得到学生的普遍关注。通过对反思维度的分析，发现日志中单纯的事件描述或重新论述观点的情况比较少。在反思中学生大部分是对论点进行分析评价。有一些在对整个辩论和论点进行分析后产生了新的想法，提出了新的论点。

学生关注度第二高的是用来支撑论点的论据（supporting materials）。有 60% 的反思日志中提到了论据，一部分人对使用论据的量进行了评估，另一些是对论据的质进行评价。

例如：S3："I need to use more evidence to prove my point."（对论据的量进行评价）

S4："I presented two examples of 'special majors' to support my first extension. But in the first example, there's more reasoning than solid evidence that is speaking for the argument, which makes it a bit dull and less convincing. Also in the second example, I didn't clearly point out how much intense training needed in these 'special majors'. It would be better if I can revise or even change my example into more relevant and typical ones."（对论据的质进行分析评价）。

一个论点是否能被人接受取决于是否有足够的、有效的论据支撑。这也是学生在准备辩论时需要投入较多的方面，教师也经常对这一方面加以点评，因此比较受学生关注。但是，笔者在分析反思维度后，发现对于论据的反思大部分停留在描述层面上，而且很多是对论据量的描述。与例子中 S3 类似的描述在日志中占 61%。这说明学生对论据的质量重视不够。知道论点要有足够的论据来支撑只是辩论学习中的第一步，更进一步的是应该知道如何有效地使用论据使论点更令人信服。在这一点上教师还需要对学生进行更多指导、按照提到次数由高到低排列，排在第三位的是辩论技巧和辩论准备（45%）。

按照提到次数由高到底排列，排在第三位的是辩论技巧（debating skills）和辩论准备（debate preparation）（45%）

例如，S5："But also some classmates pointed out although the point of press freedom was good, I didn't explain it further and made it specific. From their comment, I learnt if I found a sparkling argument, I'd better focus on it and elaborate it to be more convincing."（辩论技巧）

通过对自己课堂上的表现和同学们的评论进行反思领悟到辩论技巧是令人欣喜的。这会比教师直接告诉学生怎样辩论更有效，学生更有可能在接下来的辩论中运用这一技巧。对于辩论技巧的领悟显然不是对事件进行简单还原描述就能做到的。学生需要对事件进行深度思考加工，产生了新的认识并可能在将来付诸实施。这属于反思的较高层次。

S6："I did do lots of preparation before this debate: besides my own thinking and talks between us four, I did lots of searching, about the information, comments and other opinions about this issue through Internet and books. Not only opinions for our side, but lots of argument and evidence against us. Yes, they did help me a lot: gave me lots of new ideas to talk about this issue and let me know lots of other things which I have not even learned about at all as well. That is a process of absorbing new knowledge and build myself. I enjoyed this, really."（辩论准备）

为辩论做准备是辩论中一个非常重要的环节，在这个环节中学生得到大量的信息和语言输入，不仅为做好本轮辩论打好基础也可能会使学生在知识水平和语言水平上有所提高。这一名学生显然达到了我们的期望。

在排位中列第四位的是职责完成情况（role fulfillment，40%）。在英国议会制辩论中共有 4 个队：正方两队，反方两队，每队两人。正反方各自的两队分为上院（upper house，2 人）和下院（lower house，2 人）。上院和下院的发言人各有不同的职责。

例如，S7："I do not know as the Opposition Leader, whether I have right to give the definition from another direction."

S8："I was appointed as the government whip this time and this is the first time for me to take this position. So at first I was a little bit confused about what I should do to fully take the role. Then I referred to the book *Winning Debate*, the book talked about each debater's role very clearly. However, when it comes to the whip speeches, the book said, "One important note at the outset: there is no 'right' way to summarize a round. But the whip speaker's responsibility is to summarize the round as it has unfolded. Actually, last semester, as was told by Cecillee, all the whip speakers just did one thing: summarize the clashes. Not until this semester did I realize that a whip speaker can choose his/her own way to do the summary."

S7 实际上通过日志提出了一个问题，希望得到教师的回答。而 S8 陈述了她是如何解决自己的问题的。这时候教师可以就学生的问题给出反馈，从教师的角度给出问题的答案，与学生形成"对话"。分析中看出对职责完成情况的关注大多源于对自己所司之职的困惑。尽管教师在课堂上讲过各辩手的职责，但是在实际辩论中如何去完成职责还是给学生造成了困惑，需要教师的进一步指导。

除了上述学生关注度高的几个方面，辩论语言（language），辩论方式（delivery）和辩论演讲的结构（speech structure）也得到了一些关注（30%）。通过回顾自己在课堂上的表现，学生发现了自己在语言、辩论方式或演讲结构方面的进步或不足，为以后的进步打下了基础。

例如，S9a："I found the others using some terms that make their speeches more professional and some vivid words or expressions, and in comparation, the words I use are usually simple."（语言）

S9b："I'm happy to find my voice didn't tremble as before, though almost all of the other classmates have made it for a long time. And I tried to have some eye contact at first but I still read more than said in the whole speech."（方式）

从日志中看出学生对语言有一定的关注，因此在辩论练习中他们的语言能力就会有所提高。对演讲结构的关注会促进他们的逻辑思维和语言表达能力。从反思的维度看，这两例都属于既有描述又有分析的反思。

相比之下，得到学生较少关注的方面有反驳（refutation）和提问（POI，20%），以及辩题分析（motion analysis）和辩论方法分析（debate approach，15%）。

反驳和提问及回答环节具有较高难度，因为它们需要学生在极短的时间内组织好思想和语言，特别是学生在使用一门外语进行辩论时，这个难度值就更高了。大部分学生由于思维速度和语言所限在这两个环节做的不够理想。但是他们为什么对这两方面关注较少呢？笔者认为这是由于目前课堂辩论设置的有准备的演讲占据了大部分的时间，演讲的好坏很大程度上决定了辩论的胜负。而反驳和提问环节的出色则属于"锦上添花"，因此得到较少关注。

对辩题和辩论方法的分析没有得到学生足够的关注，这一点值得教师注意。一场辩论的好坏很大程度上取决于辩论双方对辩题的理解。对辩题的分析需要较高层次的思维活动。首先，辩手需要了解与辩题相关的背景知识以及辩题涉及哪些方面的问题，找出其中最核心的问题并对这些问题做出分析权衡。之后，才能找出最有力的论点和论据。对辩论方法的分析也需要较高级的思维，需要学生从更为宏观的角度分析，将各队提出的具体论点综合起来分析，总结出他们的辩论方法。因此要提高辩论质量，促进学生的思维发展，教师需要在提高学生对辩题和辩论方法的分析意识方面多加引导。

综上所述，从学生的反思日志中可以看出他们在反思中对具体论点和论据最为关注，对辩论技巧、辩论准备和职责完成情况较为关注，对辩论的语言、方式和讲稿的结构有一定的关注，而对反驳和提问较少关注。他们进行反思最少的是辩题和辩论方法分析。在反思层面上，他们进行最多的是分析和评估，有时他们会将描述和评析结合起来。"产生新的理解"最多反映在对论点和论据的反思中，而明确表示要将反思中的发现"付诸实践"的方面是辩论语言和辩论方式。

6. 结语

本研究分析了学生为辩论课写的反思日志，从中了解学生的反省思维活动和学习辩论的过程，并从中得到对辩论教学的启示。

本研究具有以下几点启示：1）反思日志能够促进学生的思维发展。在对自己的课堂表现进行反思时，学生需要理清思路才能进行描述性反思，需要对事物进行分析评价才能进行评析式反思，在评析时还需要进行批判性思维，在批判性思维的基础上达到对事物新的理解并指导将来的行动。本研究的结果显示，学生在撰写反思日志时进行了上述的思维过程，而且他们做得最多的是需要批判性思维的评析式反思。因此，写反思日志可以达到锻炼学生思维的目的。2）反思日志能够促进学生使用语言的能力。本研究结果发现有一部分学生在反思日志中对自己在辩论中所使用的语言进行了反思，即用以表达他们思想的语言形式得到了注意。根据二语习得中的注意假说（Noticing Hypothesis, Schmidt, 1990），注意是使二语得到发展的必要条件，在二语学习中具有非常重要的作用。反思促使学生注意语言形式，给他们进一步发展语言使用能力提供了必要条件。另外，撰写日志本身也是使用语言的一种练习。因此，可以认为反思日志能够促进学生的语言使用能力。3）反思日志能够促进教学。它是一扇窗，通过它教师可以观察到学生的思想，了解他们的学习进程以及他们在学习过程中的思想和情感。它也是一座桥，通过它可以实现学生和教师的沟通。教师可以了解他们的需求并及时调整教学内容或方式；学生也可以通过它向教师提出自己的困惑，得到教师的反馈。总之，反思日志是一个帮助学生学习，帮助教师教学的好工具。

本研究有一定的局限性：一是样本来源于一名教师所教授的一门课的学生，不具有普遍性；二是由于时间和能力所限，笔者对语料的分析还不够细致深入。这些都需要在今后的研究中进一步完善。

参考文献

Alfaro-LeFevre R. *Critical Thinking: A Practical Approach* [M]. Philadelphia, PA: Saunders, 1995.

Boyd E. M. & Fale A. W. Reflective learning: Key to learning from experience [J]. *Journal of Humanistic Psychology*, 1983 (23): 99–117.

Boud, D. Using journal writing to enhance reflective practice [J]. *New Directions for Adult and Continuing Education*, 2001 (90): 9-17.

Chitpin, S. The use of reflective journal keeping in a teacher education program: a Popperian analysis [J]. *Reflective Practice 7*, 2006 (1): 73–86.

Cui, L. The development of reflective thinking and strategic learning through journal writing [J]. *Teaching English in China* (中国英语教学) *29*, 2006 (1): 84-111.

Davis, J. Interlude: on reflection [A]. In A. Graham & J. Mason (eds.) *Working with Colleagues: Supporting primary mathematics* [C]. Buckingham: Open University, 1990.

Dewey J. *Democracy and Education: An Introduction to the Philosophy of Education* [M]. New York: Macmillan, 1916.

Dewey, J. *How We think* [M]. Chicago: Henry Regnery, 1933.

Dewey, J. *Experience and Education* [M]. New York: Simon & Schuster, 1938.

Douillard, K. Going past done: creating time for reflection in the classroom [J]. *Language Arts 80*, 2002 (2): 92-99.

George, S. E. Learning and the reflective journal in computer science [A]. In M. Oudshoorn (ed.). *Conferences in Research and Practice in Information Technology* [C]. Melbourne, Australia: Australian Computer Society. Inc., 2001 (4): 77-86.

Goldsmith, S. *Journal Reflection: A Resource Guide for Community Service Leaders and Educators Engaged in Service Learning* [M]. Washington, DC: The American Alliance for Rights & Responsibility, 1996.

Harris, M. Scaffolding reflective journal writing—Negotiating power, play and position [J]. *Nurse Education* , 2007 (28): 314-326.

Hatton, N. & Smith, D. Reflection in teacher education: Towards definition and implementation [J]. *Teacher and Teacher Education 11*, 1995 (1): 33–49.

Kennison, M. & Misselwitz, S. Evaluating reflective writing for appropriateness, fairness and consistency [J]. *Nursing Education Perspectives 23*, 2002 (5): 238–242.

Kolb, D. *Experiential Learning; Experience as the Source of Learning and Development* [M]. Englewood Cliffs, NJ: Prentice Hall, 1984.

Moon, J. *Learning Journal: A Handbook for Academics, Students and Professional Development* [M]. London: Kogan Page, 1999.

Nunan, D. Learner strategy training in the classroom: An action research study [J].

TESOL Journal, 1996 (6): 35-41.

Pavlovich, K. The development of reflective practice through student journals [J]. *Higher Education Research & Development 26*, 2007 (3): 281-295.

Rogers, C. Now I am only interested in learning [A]. In R. Gross (ed.), *Invitation to Lifelong Learning* [C]. Chicago: Follett, 1982: 222-225.

Schmidt, R. The role of consciousness in second language learning [J]. *Applied Linguistics*, 1990 (11): 206-226.

Tough, A. *Why Adults Learn: A Study of the Major Reasons for Beginning and Continuing a Learning Project* [M]. Toronto, Ontario, Canada: Ontario Institute for Studies in Education, 1968.

Young, C. & Sim, F. K. Learner diaries as a tool to heighten Chinese students metacognitive awareness of English learning [A]. In L. Ling, L. Ho, L. Meyer, C. Varaprasad & C. Young (eds.). *Teaching English to Students from China* [C]. Singapore: Singapore University Press, 2004: 21-34.

Vygotsky, L. *Thought and language* (Rev. ed.) [M]. Cambridge, MA: MIT Press, 1986.

陈小荷、徐娟、熊文彩、高建忠（编译）. 语言研究中的统计方法. *Statistics in Language Studies* [M]. Woods, A., Fletcher, P. & Hughes, A. P. 北京：北京语言文化大学出版社，2000.

孙有中. 突出思辨能力，将英语专业教学改革引向深入 [A]. 英语写作教学与思辨能力培养研究 [C]. 北京：外语教学与研究出版社，2011: 1-17.

英语辩论与大学生批判性思维发展的实证研究[1]

刘 航
宁波工程学院外语学院

金利民
北京外国语大学英语学院

摘要： 为评估英语辩论课对学生批判性思维发展的效用，本研究采用定量与定性分析相结合的方式，通过加利福尼亚批判性思维技能测试（CCTST）和加利福尼亚批判性思维气质测试（CCTDI）对北京某高校英语专业本科二年级学生（N=23）的批判性思维发展进行测评，并通过半结构性访谈（N=11），探究这一发展的可能因素。结果表明，1）前测和后测结果均反映受试具有良好的批判性思维技能水平和积极的思维气质；通过七个月的学习，学生的评价、推论、归纳推理和演绎推理技能均有显著提高，其中评价技能尤为突出；分析技能和思维气质前后无显著差异；2）我国教育传统、学生基础知识和能力的不足、学习方式等因素是前后两次测试中无显著差异的原因。

关键词： 英语辩论；批判性思维；CCTST；CCTDI；访谈

1. 引言

中国政府在《国家中长期科学和技术发展规划纲要（2006-2020 年）》中指出，计划在 2020 年将中国建设成为创新型国家，使科技发展成为经济社会发展的有力支撑。建设创新型国家需要大量具有批判性思维[2]的人才，这是因为批判是创新的前提和基础。

我国高等外语教育过于强调语言技能训练和记忆模仿而忽略了学生思维能力、创新能力的培养模式使得外语专业人才存在令人担忧的"思辨缺席症"（黄源深，1998，2010；文秋芳、周燕，2006；金利民，2010）。为顺应社会对创新型人才的需求，近年来外语本科专业人才的培养理念逐渐向语言能力和思维能力

---

1 本研究为 2006 年北京市高等学校教育教学改革立项项目"北外英语专业本科人才培养模式的研究与实践"（京教高【2006】27 号）的部分成果。该项目在前期调研及筹备阶段获得北京外国语大学校级重点项目立项（05012），后又得到北京外国语大学 211 重点学科建设项目（0103B03）资助；该论文初稿曾经在 2010 年中国英语教学研究会年会以及 2011 年北京外国语大学英语学院主办的"口语教学与思辨能力培养高端论坛"上宣读，在此感谢与会学者的提问和建议。本文转载自《外语与外语教学》，2012 年第 5 期。
2 critical thinking 术语翻译：文秋芳等（2009）认为把 critical thinking skill 译成"批判性思维能力"译法含混，易被曲解，建议译成"思辨能力"。笔者赞同该译法，但由于本研究采用加利福尼亚批判性思维技能测试和加利福尼亚批判性思维气质测试（中文版）量具，为了不引起因译文不同而带来的混淆，故在本文中统一采用"批判性思维"的译法。

并重发展的方向转变。

在这一大背景下，国内研究者自 20 世纪 90 年代末以来，在如何培养外语专业人才批判性思维能力方面积极地开展研究（文秋芳，1999；朱晓殊，2009）。但由于国内的研究起步晚，外语教育教学领域对批判性思维的研究成果比较有限，从英语辩论的角度研究批判性思维能力的培养更是为数不多。其中多数针对英语辩论与批判性思维的研究都是理论、理念研究或是教学经验的介绍和探讨（彭青龙，2000；刘艳萍，2009；王洪林，2009；张艺琼，2010），而实证研究尚处于空白。

为了提高学生语言交际能力的同时提高思维能力、研究能力以及团队合作能力，北京某高校从 2007 年以来对英语专业本科课程进行调整。其中，二年级口语课尝试以英语辩论为教学形式。经过三年探索实践，英语辩论课程内容和课堂教学形式基本固定。因此，需要开展实证研究来论证前阶段教学改革的效果，同时帮助解决教学实践中的问题。本研究目的是以一套可靠的批判性思维量具为基础，结合定量和定性研究方法，探究英语辩论训练的效果。

2. 批判性思维

批判性思维源于古希腊苏格拉底所倡导的探究性质疑，其实质是通过质疑通常的信念和解释，辨析其中是否缺乏证据或理性基础。现代批判性思维之父 John Dewey 在 1910 年提出"反省思维"，将其定义为：主动、持续和周密地思考任何信念或被假定的知识形式，洞悉支持它的理由以及它进而指向的结论（武宏志、周建武，2010）。Dewey 从心理学的角度将批判性思维独立于其他的心理活动，从而使批判性思维成为一个单独的研究命题。Glaser 在 Dewey 理论基础上最早提出知识与技能是批判性思维重要的组成部分，使批判性思维能够成为可以教学的内容。他们开创了定量研究批判性思维的先河，为后续研究和教育实践活动奠定了坚实的基础（Fisher，2001）。同样，《德尔斐报告》（1990）定义批判性思维是一个有目的的、自我调节的判断过程，其导致的结果是解释、分析、评估、推论以及对这种判断所基于的证据、概念、方法、标准或语境的说明（Facione et al.，2009b）。无论学者们从心理学、教育学、哲学和社会学哪一范畴对批判性思维进行定义阐释，虽然内容侧重不同，但本质上并没有太大区别，都强调有目的、合理、反省的思维（Fisher，2001；罗清旭，2002）。

综合上述研究者的定义，批判性思维可以定义为一个通过质疑或好奇发现问题，客观分析和验证或解决问题的心理过程。批判性思维能力的高低取决于三个要素：一是进行批判性思维的相关领域知识；二是批判性思维（认知）技能；三是批判性思维气质倾向或态度。

3. 辩论与批判性思维发展

针对"辩论与培养批判性思维能力"这一命题，国外研究者们已经进行了大量的实证研究，结果表明辩论对学生批判性思维能力具有促进作用。其中，Jackson（1961）对来自9国大学的100名辩论者和147名非辩论者进行实证研究，发现参加辩论的学生思维能力得分高于没有参加辩论的学生（见Colbert，1995）。Allen 等（1999）基于过去50年中研究者们对公共演讲课程、辩论性演说课程和竞赛辩论进行的19项定量研究进行综合定量分析发现：三类课程对批判性思维的培养都有促进作用，其中竞赛辩论课程对批判性思维的促进最大；参加者比未参加者的批判性思维能力更强。尽管个别学者认为现在还缺乏令人信服的证据证明参加辩论能够有效提高批判性思维能力（Greenstreet，1993），但人们对辩论作为一种非常有价值的教育活动的态度惊人的一致，认为辩论在培养学生批判性思维能力方面具有积极作用（Freeley & Steinberg，2008；Colbert，1995；Allen *et al.*，1999；Green & Klug，1990；王洪林，2009；刘艳萍，2009；张艺琼，2010）。

本研究所涉及高校的英语辩论课主要采用的是英国议会制辩论的教学形式，但效果是否与国外一致，还需要一套高信度和效度的批判性思维量具进行评估。此外，对于辩论的准备、实施过程的各个环节是否都能达到提高批判性思维的目的，还有待通过定性研究作综合评估。

4. 研究设计

本研究基于有限的时间和成本以及教育公平性考虑，采用为期七个月的纵向定量研究和访谈相结合的研究方法，验证学习者批判性思维能力是否发生显著变化，探究背后可能的原因。由于本研究所涉及高校的英语专业本科二年级各班水平均衡，没有显著差异，出于样本获取便利，研究对象选择了该年级中的一个自然班（N=23）。

4.1 定量研究

文秋芳等（2009）提出构建我国外语类大学生思辨能力量具的理论框架，但是到目前为止，国内还没有形成一种可靠的检测中国大学生或成年人的批判性思维能力的量具。鉴于中文版加利福尼亚批判性思维技能测试量表（以下简称CCTST）和加利福尼亚批判性思维气质倾向量表（以下简称CCTDI）在国内使用较广，在既往测试国内大学生批判性思维能力中的信度和效度较好（罗清旭，2002；朱秀丽、沈宁，2004；Yuan *et al.*，2008），本研究采用中文版CCTST量表和CCTDI量表（A版）分别对学生的批判性思维技能和气质倾向进行前测和后测，验证：受试的批判性思维技能和气质方面强弱如何？七个月学习后是否有显著差异？

CCTST 量表为多选项目，共 34 题，划分为分析、评价、推论、归纳推理和演绎推理 5 个子量表，前 3 个子量表共同测量六种核心技能（阐释、分析、评价、推论、辨析和自我调控），后 2 个子量表测量传统的归纳和演绎能力。总分在 25 分或以上为批判性思维技能较强，12-24 分为良好，11 分或以下为较弱。CCTDI 量表的项目采用六点李克特量表，共 75 题，主要用来测量批判性思维人格倾向，由寻求真相、开放思维、分析能力、系统化能力、批判性思维的自信心、求知欲和认知成熟度 7 个子量表组成。总分为 70-420 分。总分小于 210 分表示负面的气质倾向，210-279 分表示矛盾心理或不稳定的气质倾向，280-349 分表示积极的气质倾向，350 分以上（含）表示强烈的批判性思维气质倾向（Facione *et al.*，2009a；Facione *et al.*，2009b）。

CCTST 和 CCTDI 量表都是统一发放和收取。两个量表前测于 2009 年 11 月中旬完成，后测 2010 年 6 月中旬完成。发放问卷 23 份，有效问卷回收率 100%。问卷分数是由美国加利福尼亚学术出版社 Insight Assessment 进行基础统计分析，以电子报告的形式反馈给研究者。在此基础上，再采用 SPSS13 进一步对数据做分类统计和配对样本 T 检验分析。

4.2 定性研究

本次定性研究是基于定量分析结果，探究辩论课在前测和后测期间没能够达到预计目标（提高和发展学生批判性思维技能和气质）的主要影响因素。本研究先采用课堂观察和现场笔记作为访谈问题形成的依据，然后设计半结构式访谈。访谈对象的抽取主要依据 CCTST 成绩。将样本班级（N=23）的 CCTST 后测值与前测值差值区间（+7 ～ –4）进行三等分（+7 ～ +4；+3 ～ 0；–1 ～ –4），然后分层抽样，最终选择了 11 名学生进行访谈。每次访谈大约 30 分钟。为了信息的准确，经访谈对象同意，访谈中采用笔记加录音的形式。访谈后，研究者对访谈录音进行转写、编码并撰写备忘录，整理后进行数据分析。

5. 研究发现

5.1 定量研究结果

5.1.1 批判性思维技能（CCTST）测试结果

根据 CCTST 测试手册，我们对原始数据进行了分类统计（表 1）和配对样本 T 检验（表 2）。

表1 受试（N=23）的批判性思维（CT）技能强弱分布表

		较弱	良好	较强
CT 总分	得分区间	0-11 分	12-24 分	≥25 分
	前测人数（比例）	0	21（91.3%）	2（8.7%）
	后测人数（比例）	0	16（69.6%）	7（30.4%）
分析技能	得分区间	≤3 分	4-6 分	≥7 分
	前测人数（比例）	0	16（69.6%）	7（30.4%）
	后测人数（比例）	0	15（65.2%）	8（34.8%）
评估技能	得分区间	≤4 分	5-9 分	≥10 分
	前测人数（比例）	1（4.3%）	15（65.2%）	7（30.4%）
	后测人数（比例）	0	9（39.1%）	14（60.9%）
推论技能	得分区间	≤3 分	4-7 分	≥8 分
	前测人数（比例）	1（4.3%）	10（43.5%）	12（52.2%）
	后测人数（比例）	0	7（30.4%）	16（69.6%）
演绎技能	得分区间	≤4 分	5-11 分	≥12 分
	前测人数（比例）	0	16（69.6%）	7（30.4%）
	后测人数（比例）	0	11（47.8%）	12（52.2%）
归纳技能	得分区间	≤4 分	5-9 分	≥10 分
	前测人数（比例）	1（4.3%）	15（65.2%）	7（30.4%）
	后测人数（比例）	0	9（39.1%）	14（60.9%）

表2 受试（N=23）的CCTST各技能的配对样本T检验

	M	SD	d	t
总分			22	−4.002**
前测	21.22	3.03		
后测	23.17	2.31		
分析技能			22	.979
前测	5.87	1.14		
后测	5.57	1.38		
评估技能			22	−4.219**
前测	8.22	2.24		
后测	9.78	1.88		
推论技能			22	−2.238*

（接下表）

（续上表）

	M	**SD**	**d**	**t**
前测	7.13	1.66		
后测	7.83	1.23		
演绎技能			22	−2.926**
前测	10.48	2.04		
后测	11.57	2.00		
归纳技能			22	−3.084**
前测	8.35	1.95		
后测	9.52	1.65		

*p<.05. **p<.01. （2-tailed)

表 1 显示，样本班的 CCTST 前测总分值范围为 16 分至 26 分，其中 25 分或以上者为 2 人（8.7%），12~24 分为 21 人（91.3%）；而后测总分值范围为 18 分至 28 分，值得一提的是，25 分或以上者增至 7 人（30.4%）（见表 1）。样本班 CCTST 技能总分的前测均值（21.22）和后测均值（23.17），均超过美国 Insight Assessment 提供的美国大学生总分均值（15.9）（Facione *et al.*, 2009b）以及中国地质大学的均值 19.20（董源兴等，2010）。从各子项看，基本上都是"良好"甚至"较强"，特别是后测值处于"较强"水平的人数较前测有较大比率的增加。

表 2 显示，在 CCTST 配对样本 T 检验（见表 2）中"总分"项达到显著水平（t=−4.002，p=.001）。除"分析"项前测和后测的均值不存在显著性差异（t=.979，p=.338）外，其余四个分项均达到了显著水平，其中"评价"最为突出（t=−4.219，p=.000）。这验证了通过七个月的学习，样本班在良好的 CT 技能水平基础上又有了进一步的发展。

5.1.2 批判性思维气质倾向（CCTDI）测试结果

根据 CCTDI 测试手册，我们对原始数据进行了分类统计（表 3）和配对样本 T 检验（表 4）。

表3　受试（N=23）的CT气质强弱分布表

		负面	不稳定	积极	强烈
总分	得分区间	≤209 分	210-279 分	280-349 分	≥350 分
	前测人数（比例）	0	9（39.1%)	14（60.9%)	0
	后测人数（比例）	0	6（26.1%)	17（73.9%)	0

（接下表）

（续上表）

		负面	不稳定	积极	强烈
	得分区间	≤ 29 分	30-39 分	40-49 分	≥ 50 分
求真度	前测人数（比例）	7（30.4%）	15（65.2%）	1（4.3%）	0
	后测人数（比例）	4（17.4%）	18（78.3%）	1（4.3%）	0
思想开放度	前测人数（比例）	0	22（95.7%）	1（4.3%）	0
	后测人数（比例）	2（8.7%）	14（60.9%）	7（30.4%）	0
分析性	前测人数（比例）	0	8（34.8%）	14（60.9%）	1（4.3%）
	后测人数（比例）	0	5（21.7%）	17（73.9%）	1（4.3%）
系统性	前测人数（比例）	0	9（39.1%）	11（47.8%）	3（13.0%）
	后测人数（比例）	0	5（21.7%）	16（69.6%）	2（8.7%）
CT 自信度	前测人数（比例）	0	9（39.1%）	9（39.1%）	5（21.7%）
	后测人数（比例）	1（4.3%）	5（21.7%）	13（56.5%）	4（17.4%）
探究性	前测人数（比例）	0	0	9（39.1%）	14（60.9%）
	后测人数（比例）	0	0	6（26.1%）	17（73.9%）
成熟度	前测人数（比例）	0	5（21.7%）	14（60.9%）	4（17.4%）
	后测人数（比例）	0	4（17.4%）	14（60.9%）	5（21.7%）

表4　受试（N=23）的CCTDI各气质倾向的配对样本T检验

	M	SD	d	t
总分			22	−.830
前测	288.91	18.72		
后测	291.87	22.33		
求真度			22	−.272
前测	32.39	4.49		
后测	32.61	4.29		
思想开放度			22	−1.103
前测	36.00	2.523		
后测	37.17	5.38		
分析性			22	−1.185
前测	40.91	4.611		
后测	42.30	3.89		
系统性			22	−.172
前测	41.78	6.24		
后测	41.96	5.98		

（接下表）

（续上表）

	M	SD	d	t
CT 自信度			22	−.244
前测	42.83	6.59		
后测	43.09	6.87		
探究性			22	−.233
前测	50.57	5.05		
后测	50.78	4.81		
成熟度			22	.535
前测	44.43	5.54		
后测	43.96	6.21		

*p<.05. **p<.01.（2-tailed）

表 3 显示，样本班级 CCTDI 前测总分值范围为 258 分至 321 分，后测总分值范围为 245 分至 339 分。前测均值（289 分）和后测均值（292 分）均大于 280 分，表明该班多数同学（73.9%）具有积极批判性思维气质倾向。单项中除了求真度和思想开放度两项多数受试表现出不稳定的气质外，其余单项表现为积极甚至强烈的 CT 气质。然而，配对样本 T 检验显示，总分项和所有 7 个子项的前后测值双侧值均不具显著性差异（见表 4）。

综上所述，样本班级批判性思维技能整体水平通过七个月英语辩论课和其他课程学习后有所提高，但分析能力没有显著性提高；批判性思维气质倾向则没有表现出明显变化的趋势。对于气质倾向没有显著变化趋势的原因，本文认为批判性思维人格倾向作为人类性格特征的一部分，其固有的思维习惯和态度，很难在短时间里发生明显变化。但是，为什么 CT 技能中唯独"分析"没有发生显著变化？本研究在后续访谈中着重就这一问题进行深度挖掘。

5.2 定性研究结果

CCTST 对于"分析"的定义有两层：一是指对大量不同经验、情景、数据、事件、判断、惯例、信念、规则、程序或标准等的含义或意义的理解和表达，它包括分类、解码意义和阐明含义等子技能；二是指在一些陈述、问题、概念、描述或其他形式的表述中识别这种意欲的和实际的推断关系，这些表述形式意欲表达信念、判断、经验、理由、信息或见解，它包括审查观点、检测论证和分析论证等子技能（Facione, *et al.*, 2009b）。它强调的是对资料本身含义或意义的理解表达能力，以及资料中推断关系的识别能力。

辩论课程对于提高学生的分析能力有先天的优势，因为辩论可以帮助学生了解吸收其他人对于同一事物表述的不同维度的含义或意义和不同的推断关系。学生可以通过不断反思和推理，达到丰富提高自己理解表达能力和识别能力的目的。解析与受试学生的访谈，发现辩论课程没有帮助学生提高和发展分析能力和批判性思维气质的原因是部分学生还没有完全适应辩论课这一教学形式，其深层次的主要原因包括教育传统、基础知识和能力上的不足、学习方式三方面。

（1）教育传统因素是部分学生分析能力基础较弱的原因

在董元兴等（2010）对中国地质大学 25 名学生进行的 CCTST 测试中，学生的分析技能得分相对于其他技能是最差的。尽管样本数量不大，但能从一定程度上反映分析技能不佳在中国学生中存在一定的普遍性，说明中国教育在培养学生分析技能方面存在不足。这在访谈中也可以找到类似的表述。

"像高考，特别对文科生来说，事实性的背诵内容，只要记住具体的事实，对于分析能力考查并不是很多。不是说这个人没有能力去思考，而是说他已经习惯了先接受它——不管对还是错，不管是否理解或消化，先塞进去再说。"

"高中的时候都不太思考问题，因为有标准答案，只需要听老师讲，努力去通过考试，更多是关注这些。之前可能意识就不是很强，从小也没培养起来。"

学生的表述在一定程度上佐证了罗仕国（2007）等学者的研究，"分析能力"的不足可以归结到我国忽视批判性思维培养的应试教育模式。在应试教育模式的约束下，考试制度主要考查学生对知识的记忆和理解，而不是知识的综合分析。在课堂教学中，也通常是先给学生一个结论，再教授并培养学生证明这个结论的能力，而没有给学生质疑这个结论的空间和时间。这在文科教育中尤其如此。分析能力基础较弱，主动思维意愿不强的学生就会形成"惰性"的思维惯性，就很难适应辩论这一非常强调主动思考学习的教学形式。他们希望"老师告诉我们对这个问题她怎么看，拿到问题可以从哪几点入手，怎么找联系，怎么建立一个体系，最好给我们一个示范跟着学习。"

（2）基础知识和能力上的不足使部分学生难以通过辩论提高分析能力

基础知识欠缺，分析能力较弱使得部分学生在准备辩论时，要么是难以理解和表达论题含义——"知识储备不够，分析能力视角太窄。涉及到的不是我们日常接触到的问题，比如历史、政治、国家利益等抽象问题，就会完全迷失方向"；或是欠缺识别推断关系的能力——"我只知道怎么把论据和论点联系在一起，而怎样严密的论证就很难"，这些导致学生在辩论中"脑子比较乱又紧张，做逻辑分析就更难"，"不能抓住（辩题的）原理，为辩论做研究很多都集中在背景内容，大家都在辩这是什么，而没有辩到底应不应该这样"，在辩论后"作辩论总结，大家能记下笔记，但就是上升不到一个高度"。

对于这部分学生，由老师和有经验的学生在方式方法上给予更多指导是非常必要的，否则"要想深入要想深刻就是深不下去，这并不是你没有努力思考，而是好像脑袋里缺一根弦似的，这根弦可能跟经验有关，需要有人点拨一下"。

此外，多数学生在访谈中表示，"由于时间限制或者对话题不太感兴趣，就不一定每次搜集整理都能做到完美。"所以在教学中选取学生比较熟悉和感兴趣的话题，应该是吸引学生主动锻炼提高分析能力的一种解决方法。

（3）学习方式因素

一种能力的增长，一定是一个长时间反复学习的过程。学生通过辩论课程培养自己的分析能力，除了要在课前认真准备外，还必须课后对辩论内容进行剖析，吸收他人对辩题的理解和其内在的推论关系。在访谈中，部分学生表示由于课程比较紧，通常是"把辩论课作为一个任务，（辩完了）任务（就）完了，反思比较少"。只有个别学生做得较好，他们把"辩论看作是思考的前奏而不是思考的结果。辩论是为了了解需要查什么资料，然后才去查。根据老师和裁判的意见再去调整研究方向，再作整理思考，这才是我们思维的结果。"

考虑访谈中受试反映的现状，为强化学生的分析能力，对同一辩题进行重复辩论应是一种可行的方法。

6. 结语

本研究显示，英语辩论对学生的批判性思维能力发展具有积极作用。七个月间，学生在评价、归纳推理、演绎推理和推论技能方面都有不同程度的提高，但是在分析技能和批判性思维气质倾向上没有表现出显著变化。要在教学实践中逐渐改变原有教育方式、思维习惯对学生的影响，帮助学生养成主动思考的习惯和形成分析问题的方法，需要教与学两方面不断自我反思，勇于变革。希望本研究能为后来的研究者提供借鉴。

本研究不足在于，这是一项小样本的前实验研究。所幸，由于样本班所在年级各班水平并无显著差异，因此本研究能够在很大程度上反映该年级学生的批判性思维状况。在时间和成本允许的前提下，希望在今后的研究中采用较大样本进行纵向和横向的对比研究，使得研究结果更具代表性和参考性。

参考文献

Allen, M., Berkowitz, S., Hunt, S. & Louden, A. A meta-analysis of the impact of forensics and communication education on critical thinking [J]. *Communication Education*, 1999 (48): 18-30.

Colbert, K. Enhancing critical thinking ability through academic debate [J]. *Contemporary Argumentation and Debate*, 1995 (16): 52-72.

Facione, N., Facione, P., Blohm, S. & Gittens, C. *California Critical Thinking Disposition Inventory — Test Manual* [M]. Millbrae: The California Academic Press, 2009a.

Facione, N., Facione, P., Blohm, S. & Gittens, C. *California Critical Thinking Skills Test — Test Manual* [M]. Millbrae: The California Academic Press, 2009b.

Fisher, A. *Critical Thinking: An Introduction* [M]. Cambridge: Cambridge University Press, 2001.

Freeley, A. J. & Steinberg, D. L. *Argumentation and Debate: Critical Thinking for Reasoned Decision Making (12th Ed.)* [M].CA: Wadsworth, 2008.

Green, C. S. & Klug, H. G. Teaching critical thinking and writing through debates: an experimental evaluation [J]. *Teaching Sociology 18*, 1990 (4): 462-471.

Greenstreet, R. Academic debate and critical thinking: A look at the evidence [J]. *National Forensic Journal XI*, 1993: 13-28.

Yuan, H., Kunaviktikul, W., Klunklin, A. & Williams, B. A. Improvement of nursing students' critical thinking skills through problem-based learning in the People's Republic of China: A quasi-experimental study [J]. *Nursing and Health Sciences*, 2008 (10): 70–76.

董元兴、李慷、刘芳. 大学生的批判性思维技能：评估与培养 [J]. 外语电化教学, 2010（135）：33-38.

黄源深. 思辨缺席 [J]. 外语与外语教学, 1998（7）：1.

黄源深. 英语专业课程必须彻底改革——再谈"思辨缺席"[J]. 外语界, 2010（1)：11-16.

金利民. 注重人文内涵的英语专业课程体系改革 [J]. 外语教学与研究 42, 2010 (3)：176-183.

刘艳萍. 通过英语辩论课培养思辨能力 [J]. *Crazy English Teachers*, 2009 (4): 13-16.

罗清旭. 批判性思维理论及其测评技术研究。博士学位论文 [D]. 南京：南京师范大学博士论文, 2002.

罗仕国. 大学生批判性思维培养的紧迫性和途径 [J]. 广西大学学报（哲社版)29, 2007（5)：134-138.

彭青龙. 思辨与创新——口语课堂上的演讲、辩论初探 [J]. 外语界, 2000（2)：39-44.

王洪林. 英语辩论与学生思维能力的培养 [J]. 英语教师, 2009（3)：8-9.

文秋芳. 口语教学与思维能力的培养 [J]. 国外外语教学, 1999（2)：1-4.

文秋芳、周燕. 评述外语专业学生思维能力的发展 [J]. 外语学刊, 2006（5)：76-80.

文秋芳、王建卿、赵彩然、刘艳萍、王海妹. 构建我国外语类大学生思辨能力量具的理论

框架 [J]. 外语界，2009（1）：37-43.

武宏志、周建武. 批判性思维——论证逻辑视角 [M]. 北京：中国人民大学出版社，2010.

张艺琼. 英语辩论与英语专业学生思维能力的培养——以英语辩论规则为指导思想 [J]. 广东外语外贸大学学报 21，2010（6）：105-108.

朱晓殊. 从议论文看英语专业大学生的批判性思维特点 [M]. 北京：光明日报出版社，2009.

朱秀丽、沈宁. WGCTA 和 CCTDI 量表的信度及效度测定 [J]. 护理学杂志（综合版）19，2004（21）：56-58.

"英语口语教学与思辨能力培养高端论坛"
圆桌会议纪要

金利民：

早上好，各位老师，各位同仁，欢迎大家来参加今天的"口语教学与思辨能力培养高端论坛"！这次会议是我们北外英语学院口语教研室的一次盛会，专门为口语教学开的会议在我的印象中这是第一次，所以非常感谢各位老师，特别是从外地来的老师们。首先让我介绍一下这次论坛参加圆桌会议的嘉宾。他们是：北京外国语大学英语学院教授吴一安老师，北京外国语大学英语学院侯毅凌教授，北京外国语大学英语学院口语教研室主任龚雁老师，广东外语外贸大学英语语言文化学院副院长余盛明老师，上海外国语大学英语学院副院长许立冰老师，北京语言大学外国语学院英语系主任张威老师，以及外交学院英语系基础教学教研室主任魏腊梅老师。欢迎各位嘉宾！今天来参加会议的还有来自这几所学校的其他老师，同时还有北外英语学院口语教研室、阅读教研室、听力教研室、写作教研室、笔译和口译教研室的代表，北外其他语种的老师以及北外专用英语学院的老师，欢迎大家！在论坛开始之前请北京外国语大学校长助理、英语学院院长孙有中教授致欢迎辞。

孙有中：

各位同行大家上午好！我代表北外英语学院对各位的光临表示热烈的欢迎！

我想借这个开场的几分钟，把我们这个会议的宗旨给大家简单地介绍一下。我们这次会议的主题呢，大家可以看到，是口语教学与思辨能力培养。这个论坛是一个系列论坛的组成部分。我们的一个基本设想是，通过对口语、写作、阅读、翻译、听力以及专业知识课程整个系统的一个探讨，来设想，策划，集中智慧，为这些课程的教学和思辨能力培养结合这个问题找到可行的路径。我们在去年的下半年举办了写作与思辨能力培养论坛，大家袋子里的这一本书，是当时这个论坛的论文集。口语论坛是第二个，下个周的周末就是阅读，下学期继续推进。这个系列的推出，可能听起来是很容易理解的，但实际上我认为其中有深意啊，不一定是每一个外语界的同行都理解的，所以我想能不能请大家跟我一起看一下我给这个丛书写的简短的总序……（省略原文，请参阅本书序言）

这就是我们推动专业技能课的改革，包括整个课程体系改革的一个基本的思路，或者说我们对英语教育现状和前景的一个基本判断。这个判断听起来有点危言耸听，但实际上比这个更危言耸听的还有。前天我和出版界的一位朋友在一起吃饭，席间聊到中国英语专业的教育现状问题，他有一句话非常惊人。他说，"我认为英语专业很快就要消失。"我说，英语专业如果消失，你不就没市场没生意了。他说没关系，还有幼儿园呢，还有小学和中学呢，还有国外广阔的天地，他说出版社不会有问题，是你们搞英语教育的人应该担心了。

再往前推一点到今年的上半年，我和一位台湾重点大学的英语学院的院长聊到大陆英语专业问题，她的话也让我吓一跳。她也认为英语专业是可以取消的。在她所在的学校，有两百多门课程都是用英文讲授的。台湾高校比我们的国际化程度更高，国外回来的大批博士，都直接用英语讲专业课程，英语专业还要它干什么呢？

所以这一个局势啊，的确有点危言耸听，但是其中是有些道理的。我当然不愿意也不相信这个预言会实现。但我同时又不得不承认，这个判断是给我们敲响了一个警钟。这个判断，这个预言，加上限定条件后是可能成立的。加上什么限定呢？就是维持现状的、不改革的英语专业肯定会消失。正是为了使这样一个可怕的预言不实现，至少在未来的20年、30年不要实现，在我们各位退休之前不要实现，所以我们今天在这里举办这样一个高端论坛，实际上是为了思考我们面对的这一严峻挑战。

最近几年，在北外英语学院我们比较系统地推进语言技能课程和思辨能力培养结合，其次是整个课程体系怎样加入更多的 content courses，使英语专业的学生得到比较专业、比较扎实的学科训练，同时在整个过程之中贯彻人文通识的教育理念。所以最终英语专业会不会消失，我想取决于，第一，我们的课程设置和人才培养模式能不能培养学生终生受用的思辨能力，这个很关键；第二，我们的英语教育能不能给学生提供比较系统的专业学科训练；第三就是我们的英语教育能不能提高学生的人文素养。所以我们今天坐在一起，可以说是群贤毕至，在座的各位都是口语教学方面的专家，我们期待分享各位的智慧。谢谢大家！

金利民：

谢谢孙有中院长！从2006年开始，北外英语专业一直在进行本科人才培养模式的改革。在这次改革中最重要的就是课程体系的改革。我们主要采取的措施有三个方面：一是调整技能课和专业课的比例，强化人文社科相关学科的教育。从2005到2007年，我们的培养方案里，听、说、读、写、译这五类技能课所占的比例达到了76.4%，调整以后这个比例减到66.7%。在2011年培养方案的修订中，我们将进一步削减纯语言技能课的比例。第二个措施就是改造传统的技能课，实现外语技能训练和能力培养的有机结合，其中变化比较大的就是口语教学，一会儿龚雁老师会做具体介绍。其次就是我们的写作教学，分成基础写作和学术写作两个阶段，一年级是基础写作，主要内容是描述、叙事、说明文写作，第二个阶段是二年级的学术写作，二上是论述文写作，二下是研究论文写作。把原来四上的研究论文写作提前到二下，一个最主要的原因就是因为我们有很多的学生三年级的时候会出国留学，这样就可以有所准备。但这一改革比较艰难，因为很多外语专业的学生在二年级的时候专业课上得少，自觉不具备论文写作的能力。但是，通过老师和学生的共同努力，实际上写作教学改革取得了很大的成就。精读课虽然还保持了传统的形式和课时，但实际上精读组的老师在课上也融入了思辨能力的培养。下个礼拜，6月18号，我们有一个阅读教学与思辨能力培养的高端论坛，有兴趣的老师可以参加。第三个改革措施就是改进教学方法，使语言技能的训练在专业学习中得到延续。我们在高年级专门设置了讨论型专业课，小班授课。在这样的课程中，口语和写作的发展都融入专业教学中，比如讨论型课程结束的时候不是以考试结束，而是以研究论文结束。我们规定每个学生每学期必须选修一门讨论型课程，这种课程多为专题讨论型课程，不是概述、入门型课程。侯毅凌老师讲授的《英国文学》就是讨论型课程，哪位老师对这种课型有兴趣也可以利用茶歇的时候跟侯老师聊聊。这是我们改革的一个基本框架，下面我们有请龚雁老师为我们介绍一下口语课程体系的改革。

龚雁：

各位早上好！我先给大家简单介绍一下我们专业英语口语课程体系改革这些年来所作的尝试，以及口语课程改革的一些背景，更详细具体的内容今天下午的三位主旨发言人会从不同角度有进一步的阐释。

北外的口语教学和学生的口语能力是有比较好的传统的，用人单位对毕业生的评语反馈中对学生口语能力评价也比较高。在不同的历史时期，口语教学的理念和思路基本顺应了学生需求和时代需求。口语教学的变革进程基本同步了国际国内口语教学的变革趋势。比如说，从最早的语法翻译式的教学，到后来的功能意念为重点的训练，逐步发展到以内容为依托、以思辨能力培养为重点、推动整体素质提高和语言能力提高的教学理念和教学方法。整个过程中，简单地回顾一下，其实真正对思辨能力培养的意识可以追溯到90年代初，那个时候北外的口语课程引入了辩论的元素，虽然还没有完全体现到大纲的设计和整个课程体系的设计中，但是老师们已经把辩论作为一种课堂活动加以推动了。1993年我们系的吴祯福老师带着一个团队编写了一套口语教材，即《初级英语口语》、《中级英语口语》和《高级英语口语》，最后这一册就是英语辩论，1995年英语系的本科口语教学就开始全面使用这套教材，当时的口语课程设置是一年级第一学期以复述小故事、日常对话练习为主，第二学期训练会话能力以及对简单话题的讨论，大二上学期主要就各种话题进行课堂讨论，下学期以课堂辩论为主。当时的课堂辩论活动大多是把学生分成正方和反方进行自由辩论，还不是正式的议会制辩论形式，但是这是我们正式把英语辩论活动，包括教材、课程大纲等引入到口语课堂教学，这在全国来说当时应该是比较早的。

将辩论设置成英语专业必修课程以后我们进行了不断探索，辩论对思辨能力的要求很高，教学中我们发现英语专业的学生在思辨能力方面有明显的弱点，开始意识到在口语课堂教学中除了训练语言技能必须结合思辨能力的训练。但是怎么去训练学生的思辨能力，我们当时基本是比较直觉地去尝试，例如，我们加入了逻辑学简单理论、逻辑错误识别练习等。在那段时间，我们进行了将思辨能力培养与口语教学相融合的初步尝试。第二个阶段是 2005 年前后，我们在口语教学改革，具体地说，将思辨能力培养与口语教学相结合方面迈进了一大步。我们有幸请到了几位国际上知名的辩论指导教师，如今天下午要做主旨发言的 Gary Rybold 教授，还有其他一些辩论指导专家来我们学校做讲座并教学，通过讲座以及与他们的交流，我们打开了思路，借鉴国外通过演讲和辩论培养学生思辨能力的教学理念和模式，将思辨能力培养作为一个教学重点目标融入口语课程设置。我们同时也意识到教师发展培训的重要性，所以 2005 年开始连续三个学期我们普及了思辨能力的教师培训，请一些国外的专家组织思辨能力的工作坊。口语教研室的老师们全部参加了至少一次的培训。

金利民：

到目前为止在我们英语学院做了四次这样的工作坊，我们学院大约 80% 的老师都参加过这个工作坊。

龚雁：

对，目前已经四次。改革进行到目前这一步，思辨能力培养作为口语课程设置的一个重要目标和内容，不仅有意识，更有了理论的指导。我们进行这样一系列的改革的一个重要背景原因，也是因为随着时代的发展，学生入学时候的英语水平已经发生了很大的变化。北外每年有部分各地外语学校保送生，这些学生入学之前的口语水平从日常对话和交际功能来说已经基本都可以了，那么进入北外英语学院后如果口语课还是从简单的功能性日常对话开始，这部分学生可能就吃不饱。我们必须要改进课程设置，适应学生的需求，使口语课程从思维上对学生更具挑战性。语言交际过了生存关，实际上更重要的就是说什么和怎么说了，反映到对语言交际能力的评价来说，实际上就是从对语言的功能性的评价，逐渐要转变到看你的交际过程是不是言之有物，是不是言之有物而且有理。到这个层次的时候对人的思维能力、思辨能力的要求就比较高。所以，将思辨能力培养融入口语教学也是势在必行。

下面我简单介绍一下目前整个口语课程设置的模块，总体来说就是两大模块、四个学期、五门课程，两大模块一个是人际交流模块（person to person），还有一个是公共交流模块。在人际交流这个模块里，包括一年级上学期开设的"交际口语"和"人际交流"（Interpersonal Communication）课程。在大屏幕上大家可以看到列出的教学目标和教学内容。第二个大模块包括三种类型的课程，分别是一下的"公共演讲"课程、二上的"英语辩论（I）"，以及二下的"英语辩论（II）"。我把这五门课用不同的颜色标出来是因为除了"交际口语"和"英语辩论（II）"这两门课是选修的，蓝色标记的"人际交流"、"公共演讲"和"英语辩论（I）"都是必修的。为什么这么设置？是因为考虑到学生英语水平的个体差异问题。我刚才说了，来北外的学生有一部分是外语学校保送生，他们的英语口语基本上已经过了日常交流关。但是，有相当一部分学生是从非外语学校来的，这其中有部分学生英语口语能力可能还有一定的差距，所以我们在一年期上学期还是开设了一门"交际口语"课程。英语辩论（II）课程就是表上的第五门课，也是因为考虑到不是所有的学生都适合，所以两头的两门课是选修的，中间的三门课是必修的。具体的操作是头两个学期都是开两门课程供学生选择。从教学内容上来说，大家可以看下我列在表上的这几个地方，难易程度和教学内容上还是有一定阶梯性、递进性的。因为时间关系我不便再多解释，一会儿大家自由讨论或者茶歇的时候有什么问题我们可以相互再交流一下。

总体来说，我觉得我们的口语课程体系有两个特点：第一个特点就是，我们已经从语言交际的功能性训练转向了对交际内容和思想的重视；第二就是从单纯的口语技能训练转向了语言与思辨能力并重。思辨能力的培养已经成为整个口语课程体系设置的一个重点目标，我觉得这是一个理念的转变。

这些年来，在口语课程设置方面，我们从教学理念、师资培训、教学模式和教学方法上都进行了一些尝试。至于说口语课程体系中的各门课程是如何将思辨能力培养有机地融合到课程设置、融合到具体的大纲设计和课堂实践活动里去的，我在这儿就不多说了，因为下午的三个主旨发言实际上是从不同的角度、不同的课程来回答我刚才的这个问题。所以请大家期待下午的主旨发言，谢谢！

金利民：

非常感谢龚雁老师！下面我们有请吴一安老师。

吴一安：

我的题目，即"以培养思辨能力为导向的口语课程与教师专业素质提升"，可能在一开始发言并不是特别合适，因为大家可能更关注的是怎么来做这件事，而我准备的是从教师发展的角度来谈口语课的改革。

我的发言提纲是，第一，新口语课程究竟新在哪里？第二，新课程对教师提出了哪些挑战？关于第一个问题，我先做一个历史的回顾。20世纪60年代，大家怎么看口语呢？就是语言表达的一种模式。口语能力的发展在那个时候，也就是我念书的时候，依托的是精读、泛读，还有丰富的课后操练和课外活动，因此它的公式可以总结为：语言输入＋操练＋活动。活动和操练不太一样：需要操练，是因为我们从零起点开始学习，需要做很多的语言准确性上的操练。那么活动呢，比如说演话剧，比如说举行朗诵比赛，那是真的语言活动，与操练是不一样的。

当时我们的口语课本是由钱青老师（当然后来由吴青老师承接下来）编的一个小册子。它的重点就是提供口语交流中的程式（formulas），所以很薄很薄的。大家都说，比较北外学生和其他学校特别是北京大学的学生，北大学生很有特点，他们的阅读量非常大，写作也好，但是北外学生也有一个非常突出的特点，就是口语好，不怯场，到哪儿都能说话。所以这个口语是怎么来的？大家想想我们的口语课每周只有两节，我们大量的时间是在做精读做泛读等等。所以当时口语课实际上就是操练那些口语的程式和做口语活动，说话必须有内容，因此许多口语活动都是在精读、泛读等课上做的。那么这里面牵扯到对语言的定位，对口语的定位问题。

到了80年代，在国际的学界那是个交际法盛行的年代，这也是有它的理据的。于是口语就变成了语言的重要技能，在交际法之中，听说读写（那时候还没有译）这样的技能是作为四个很独立的技能来练习的，所以当时的发展似乎是依托话题，而口语课本是提供话题和围绕话题的谈资。刚才我听到龚雁老师的介绍，我觉得她的归纳当然是更全面的。但是我从语言技能的这个角度看，60年代和80年代，口语课的定位是不一样的，因为在60年代的时候口语课实际上更是综合教学（integrated teaching）中很重要的一部分。而到了80年代它具有独立性，它的课时也增加了，课本也厚了，就是一种技能为导向的做法。

那么现在新的口语课程究竟新在哪里？我简单归纳成这样几点：第一个是我们具有了新的视野。这个新的视野从哪里来的？从它的理据性来讲是从对语言的认识来的，我说的是隐性认识，也就是不一定每个人都能够明确表述（verbalize）这种认识。但是我们的新课程蕴含着这样一种认识，这种认识，提个问题就是，外语教学应该具有什么样的语言观？这个问题在这么多年这么多的刊物之中几乎找不到这样的文章。我们知道语言学学者们有他们自己的语言观，他们有好多学派，比如说结构主义的语言观，认为语言是一种结构，但是 Chomsky 的语言观就不一样了，它是认知为导向的一种语言观，认为语言是和人类的大脑和认知（mind）联系在一起的。那么我们从事语言教学究竟应该有什么样的语言观？不管我们有没有写文章，有没有开大会来研讨这个问题，但是隐形的认识是在那里的。第一，语言是不是工具？广大教师的一种看法是，语言是工具。如果再深问的话，语言究竟是一种什么样的工具？我们却很少有研讨，其实语言跟我们吃饭用筷子用叉子用勺这类工具不一样，语言实际上是个有自己特色的工具。近年来，语言与文化之间的关系得到了很大的重视。有的时候我都觉得把文化知识一律显性化的做法容易造成一种泛化（generalization），不一定都是非常好的，因为任何一种文化都是多元的。而且我们学语言就一定会学到文化。为什么学过英语的人到英语国家去没有那么多的文化震感（culture shock），因为你读了很多的英文作品，对那里的文化并不陌生。所以语言和文化的关系大家都说语言是文化的载体，而我个人更加倾向于说，二者是交织在一起的（inextricably tied to each other），并没有一个被动和主动，两个都可以反向的为被动或者主动。那么语言和思维的关系实际上我觉得到目前还没有得到足够的重视，实际上恰恰是语言与思维的关系更为重要，对于教学更为重要，对于我们的认识更为重要。我的看法是，语言蕴含于思维中（Language is implicated in thought）。思维，尤其是高层次思维，一定会有语言的参与（Thoughts necessarily involve language），比如说推理，再比如说分析、评价，等等，一定有语言的参与。也许只有空间思维（spatial thinking）是个例外，这是因为根据康德的一句名言，时空感是与生俱来的（Space and time are in us）。因此我们说语言不仅仅是为了进行交流才有的，绝对不只是这样。人类的发展，我们大脑的发展，使我们区别于普通的动物，所以我们应该说语言不仅仅是为了交流才用。这里实际上我个人对交际法语言教学（communicative language teaching）是有保留看法的，虽然我也很赞同它的一些理念，如在交流互动中学习语言等，但是在语言教学的语言观上我是有保留看法的。

以上谈的是新视野，我们现在的教学要看到这些，我们的视野就已经拓宽了，不是仅仅把语言当做一个被动的工具了，语言本身可以是非常能动和助知的（active and informative）。新口语课程新在哪里？在第二个层次上，我们有了新的观念，我们的新观念是基于对口语特征的考量和口语教学应该做什么的认识。首先是口语的即时性。口语的即时性势必迫使我们要发展用英语说或者用目的语进行思维的能力，这一点写作是难以做到的。口语的即时性还意味着要培养学生敏锐的洞察力和用英语思维的能力。教过辩论的教师都知道，我们一定是在即时的、很快的要表达清楚我们的思想，这种训练是极为宝贵的训练。大家都知道我们缺少这种训练，因此我们的高级中级领导人都是要拿稿子讲话的。但是我们已经看到很多西方国家的同类人士是脱稿的，即席表达能力非常强。我们需要培养这个能力。第二，口语的公开性，这里主要涉及演讲和辩论。这种公开性，在演讲和辩论里面，要求我们特别关注目的和效应，这种口语的表达形式是很不一样的。我去辩论，我一定要讲清楚我的观点；我去演讲，我是有目的的。因此这种公开性带来的是好几个层面的变化。比如说在思维层面上，我们需要聚焦，我们需要有明确的论点、论据，我们需要有逻辑，需要连贯性，需要有评价能力和研究能力，这些都是思维层面的事情。比如说在语言层面，在此没有时间细说，我总的归纳为修辞能力。文化修养层次，我们必须要有听众观。说话，你在对谁说话，用什么体态语，一个人做演讲做辩论能够征服听众的时候，他是有气场的，而这种气场不仅仅是靠他的语言表达，还靠他的态度，如他能倾听别人吗，他是不是运用其他的方式来帮助他的语言表达，等等。因此这样涉及诸多的层面的口语特点为我们开辟并拓宽了我们口语教学的途径和路径。最后一点，口语的交互性。交互性使我们考虑到语言发展和人的全面发展的关系，比如在交互中我们的倾听能力怎么样，合作态度怎么样，人际关系能不能得到发展，团队的行事能力能不能得到发展。再比如我们去参加辩论，那是团队行为，这时候你的素质实际上不仅是语言素质，还有人文素质，评价能力等等。因此我们的结论是口语教学能够为学生，第一，提升思辨能力；第二，即席语言表达能力；第三，朝着全人目标成长提供无限的空间。我个人有着这样的认识，因此我非常支持北外英语学院这一场改革。

现在谈谈对教师的挑战。有三个层次的挑战。第一个层次，理念层次：如果我们想培养学生具有上述各种能力，那么在理念层次上我们不能回避的问题是，我们教师到底是干什么的？我是谁？（Who am I as a teacher？）我到底怎么定位我这份教师工作？学生对我意味着什么？难道我就是在做一个职业？没有学生我这个职业没法做吗？我的教学目标到底是什么？我就只是培养学生的口语技能吗？恐怕有了上面的认识，我们会有很多思考，我到底希望学生把我看成什么？我是希望学生把我看成高高在上，很棒很有权威？还是我是学生的良师益友？让他们身心上有这个体会，愿意跟我接近，益友即是他们的真诚朋友。第二个层次，课程层次：我到现在不得不思考我心目中课程（curriculum）整体的目标是什么，我会跳出我就是一个阅读教师，或口语教师，写作教师，我就研究我教的课的课本，我就研究我怎么能上好我的这门课。我觉得有了新的认识，肯定不会是这样。就是说我们的课程的整体目标和我的具体的教学是什么关系？这是很重要的问题。我在口语教学所实施的语言观是什么？我们需要进一步的思考。口语和语言，口语和语言的其他技能，如说听读译写，它们之间的关系是什么？一定要考虑。依我个人的观点，我更主张实施综合性教学（integrated teaching），我不赞同把语言的各个技能分得太清楚，因为我们在语言学习中不是这样成长的，我们用语言也不是这样用的。我现在在说话，肯定大家都在听，然后别人在说话的时候我也在听，也许还在写。试问我究竟能够通过教口语课为学生做什么？我能够通过教口语课获得自我的、自身的发展吗？所以在这个层次，课程层次，我们也需要有很多的思考。最后一个是教学层次：实际上对教师来讲这个层次最具挑战性，我估计大家这方面思考得也比较多，我简单概括一下。目标内容，实际上如果把思辨能力的培养作为我们的主导，我们的目标内容发生了变化。我们每个老师都会想什么是思辨能力，什么是辩论能力，什么是演讲能力，什么是好的演讲，为什么辩论和演讲可以导致思辨能力的发展。我觉得我们在座的教师可能都已经经历过这个阶段，我们调整了我们的目标内容，从不熟悉到非常熟悉。那么在教学思路上，我们究竟怎么通过教演讲教辩论来提高学生的思辨能力？即席口语的表达能力实际上就是用英语进行思维的能力（我个人觉得）和促进学生作为人的全面成长的能力。我刚才已经列出学生会在哪些方面得到发展，它绝对不仅仅是一个口语的技能问题。第三层次，其实还是教学思路的问题，我归纳了几点。第一个就是说现在为什么有全球性的教育改革，不仅仅是中国在改革，大家都在改革，如果你到美国去，那里改革的浪潮更大。改革的主要的理据是学习的范式发生了改变。这是最重要的一点，就是这样。也就是说，学生应该是学习的主体。我们相信不相信，好的学生不是教师教出来的，是他在老师的指导下很好的学出来的？就是这样一个变化。所以很多教学，实践层面上都发生了变化。那么教师的角色也变了，教师是要通过教学的干预来引导、帮助、推动学生的学习。我们是在这样一个地位上，而不是我们来主导课堂，然后把知识灌输给学生。正因为如此，我们要研究究竟什么样的教学能够体现出学生的主体性。特别简单的归纳是首先要具有适度挑战性的任务，这是非常非常重要的。我相信下午我们听 Gary Rybold 教授主题发言的时候他对这个有很深刻的体会。除了要设这样的任务，还一定要有为成就这样的任务而设置的教学活动。所以这成为教师要做的很重要的一件事情，因为只有通过任务和活动才能够使学生得到提高。那么什么样的教学干预会有效？当然是要满足学生需求的，大家注意这个需求绝对不仅仅是语言的，还是智力的、情感的。这个如果我们下午听听俞露老师的科研成果，就会对这些有感受。那么怎么才能提高教学干预的有效性呢？我现在仅提出一点，通过评价，当然还有很多很多的方法，但是评价太重要了，我们的评价必须是动态的、即时的，贯穿于学习过程。评价是为了促学，是一种能够促学的反馈，评价本身绝对不应该成为我们的目的，评价和教学几乎是同步的，是相互交融的。在此我特别推荐我认为比较有力的一种理论思路，就是社会文化理论。

新一轮的课改意味着什么？折腾？还是常规？说是常规，因为教师总是寻求改进自己的教学，践行着变革性教学（innovative teaching），因此说是常规也行。但我更想说的是，这一轮变革具有普适性，它是一个重要机遇。但改革要能成为机遇需要条件，这个条件我认为是教师需要再学习，需要借机发展终生学习的理念与实践。最后，教师如何能抓住这次提升的机遇？第一，视野一定要拓宽，大家想想刚才提到的两个三个层次，和以前我们往往在一个层次上干活，追求是不一样的。我们对学生的关注要到位，不仅仅是学生的语言技能，我们还更需关注他们的思辨能力，即席思辨能力，最重要的是用英语去思维，还有他们的全人成长。当然，我们的机遇还涉及到教学方法的提升。我特别提倡关注教学实践的理据性，让我们把理据、概念性知识和教学实践融为一体，追求融入理据的实践（praxis），追求教学与动态评价交织并行，追求教师的隐性实践性知识得到提升。大家都有很多很多的实践性知识，但是我们似乎不知道它是什么，我们有时候通过叙事（narrative），跟同事进行交流，得到启发，但是我们需要提升，需要使教学与科研良性互动和循环。最后，把握住机遇的条件，需要有非常明确的改革目标和导向。这一点在今年英语学院的开学大会上已经提出的非常明确了。改革责任人的扶持、支持与引领，是非常非常重要的，还有教师学习机制的形成。现在国际上推出的教师学习共同体（teachers' learning community），是很有意思而且很有生命力的实践共同体。也就是说，我们需要探究性和学习型教学文化氛围的形成，我们要去构建这个氛围。英语学院以前探究教学的文化氛围是非常非常强的，这也是我喜欢留校教书的一个致因。就是生活工作在一个志同道合的集体里，大家有共同的追求和愿景，以变革带动科研，以科研促进教学，以教学支撑教改和科研。

最后我要感谢 Gary Rybold 教授和俞露老师，感谢他们做了很多实证性研究，使我提升了我自己在一些问题上的认识。上述发言如果有哪些地方不妥，当然完全由我自己负责。谢谢大家！

金利民：

谢谢吴老师！一个小的注脚：Gary Rybold 和俞露老师是吴老师的博士生，Gary 刚刚答辩通过，我们一起祝贺他吧！另一个小的注脚就是刚刚吴老师谈到改革不是折腾，而是一种发展的机遇，我给大家举一个小小的例子。我们口语改革以后，第二级是英语演讲，第三级开始英语辩论。原先演讲和辩论只是一种课堂活动，但是真正把课程名称改成演讲和辩论，老师们感觉很有挑战性，因为学生的期待会不一样。但是，一学期下来以后，有好几个老师告诉我这学期很累，但是很有成就感，学生收获感也很强。过去，在全院的教师评比中我们口语老师经常处在被遗忘的角落，学生好像觉得口语课很重要，但是我们仍然被遗忘。那一次，我记得是英语演讲那门课第一次进入课堂，那个学期末我们英语演讲组三名老师被评为学生最喜欢的老师！可见，当学生发现口语课的目标非常明确，也会因此有很强的成就感。下面我们有请广外的余盛明老师发言。

余盛明：

我主要谈一谈广外英文学院的一些实际操作方法，没有太多的理论，可能在最后快要完的时候我提升一点点作为理论。这是一个口语论坛，但是我这里涉及到很多不是口语的，我是把这一些东西里面跟口语有关的一些要素提炼出来，然后形成一个我们那边的体系。我先说明的是，在我们广外英文学院的教学大纲中，我们是没有口语课的，但是不是说我们不培养学生的口语能力？没有以口语命名的课程，但是我们有演讲技巧、辩论技巧这样的课程，但是没有具体到像有的学校的教纲里有口语1口语2这样一些课程。首先我把我们口语课程的设置讲一讲，我提的是一个立体的教学模式。我把它分成四块，第一块是口语基础模块。这一点要说的就是北外和广外有一些不同，北外还是精英教育，我们那儿是大众教育，是快速养殖法。因为我们从教育部部属学校划归广东之后我们就扩招了，扩招之后我们最大规模的时候一个年级达到了20个班，是我们一个学院啊，20个班。现在我们还有12个班，所以和你们这个精英培养模式又有不同。你们招的很多学生一来就过了这个语言生存关，我们还在这个关口上挣扎。所以我们的口语基础模块这个要有。这一点可能是跟这边不同，所以我们第一块就是这个基础模块，我们这里面包括了一门课程叫《英语语音》课程和机助英语语音，这实际上是一门课程分成一个实践课堂教学和在机上做练习两个部分。

第二块我们把它叫输入模块，这里面有三门课程，《交际英语》、《新闻文化听力》，新闻文化听力实际上是两门课程，一个是新闻听力，一个是文化听力。再一个中高级英语写作实际上也是两门，《中级英语写作》和《高级英语写作》。我为什么把这个叫输入模块呢？我等一下解释。为什么没有把阅读放进来呢？阅读应该是一个明显的输入，但是为什么我们没有放进来呢？等一下再解释。

第三块是输出，输出我们也是三门课程。这个《交际英语》呢，刚才吴老师讲，交际英语是听说读写，后面有译，这样放到一块儿的，所以这一个课程它既是我们英文学院的一个国家级精品课程，也是一个核心课程，它里面既有输入还有输出。

最后一块是实践模块，这里面就是我们英文学院的传统赛事，我们有一年级的语音语调大赛，二年级的辩论大赛，三年级的戏剧大赛，四年级的翻译大赛，这个是跟口语形成一个整体的。这就是我们的四个模块。

我下面分别解释一下。第一块儿是我们的英语语音课程，英语语音课程是一个国家级精品课程，这里面最主要的一个内容是在节奏感、语音语调上的训练，其实中国学生和英语本族语者最大的区别就在节奏上、调子上。我们有些学生讲英文，也是跟中文的节奏是一样的，比如说中文都是两个字一蹦两个字一蹦的，英文也是这样 I am/going to 这样的。所以这课程在课堂上的理论主要是一个节奏的训练。机助训练，是我们学校比较特别的一块儿。我们也是叫英语专业，但是我们下面有六个专业方向，其中有一个方向叫作信息管理方向，这里面有很多懂电脑的老师，他们跟学生一起开发了很多这样的教改软件。其中有一个软件就用到了目前国际上比较高级的人工智能的一种，它把任何人朗读或者说的内容分成一句话一句话，用波形表现出来，而且把这个波形和里面的每一个单词给匹配起来。有这样一个软件呢，学生就可以自己到计算机上训练，学生可以到上面进行单音诊断，做语音语调诊断，再一个他还可以自己录音，然后还可以跟读，就是先听别人读什么样，他再去跟读，机子就诊断你跟的像不像，这个模仿你做得怎么样，这个软件还可以自己评分。学生在这个基础阶段的训练量特别大，先是单音训练，然后跟读，朗读，读音等等。这个主要是因为老师指导的话没有办法，我们学生这么多，主要是计算机自动完成的，老师把练习都放在上面，学生去做，做完电脑会自动把你的练习记下来，然后作为期末成绩。那么这跟我们今天的主题似乎是没有什么关系的，这个里面不包含什么思辨能力，它是纯粹操练性的，但是这是一个基础。这是一上的课程，是国家级精品课程。在一下，我们就配有语音语调大赛。我为什么把语音语调大赛放到口语里面来讲呢？是因为我们的语音语调大赛实际上是全年级参与的，我们 12 个班都参加这个语音语调大赛。一般是三部分，有模仿、朗读、电影配音，还分初赛复赛。为什么要全体参与呢？也就是说像模仿朗读这样的个人项目，我们让所有人都准备的，我们在现场是用电脑随机抽取号码的，抽到谁就是谁。所以一个班，比如说 28 个人或者 30 人，就是有 28 到 30 个学号放到电脑里面，然后随机抽取，抽到谁当场就上场来做这个模仿或者朗读。他下面是有准备的，是所有的学生都参与进来，这是语音语调大赛，也把它纳入到整个的口语教学了。这个大赛跟上面的课程是比较配合的。所以一年级基本上还是一种操练性的，没有特别强调思辨能力。

在输入模块，我讲一下我们的《交际英语》。《交际英语》当时是李筱菊老师她们开始编写的，一直用到现在，用了二三十年了，教材里的内容发生了变化，但是它的基本还是在那的，就是刚才吴老师讲的，综合性课程（integrated courses），几个语言技能放在一起的。这个理念就是刚才讲的以话题为基础（topic-based），也可以说部分是以内容为基础（content-based）。以话题为基础有一个最大的好处是什么呢？它要讲一个题目讲得特别细。举一个例子说打乒乓球，它从乒乓球的装备，球拍，球，球的号码，拍子的号码，球台啊，裁判啊，比赛规则啊，发球啊，所有的该有的它都有，从听说读写还有翻译的东西。所以这个课程搞得特别细。那么这个变成口语它有什么好处呢，有一个输入，词汇量是比较好的，要讲一个东西学生可以讲，经常是它成了一个词典性的东西。如果说我们给学生布置一个口语题目，说跟哪个话题有关，他们会回到交际英语教材里去翻，翻到那一章，它有什么词、什么句子可以用。所以这是我们一个很重要的输入课程，它也是国家级精品课程。这门课的教材我们也在改革，我们现在想做成网络化。

第二个输入部分是《新闻和文化听力》，这是一个省级精品课程。这个《新闻和文化听力》也主要是计算机做成的，我们一个老师带 12 个班，老师的主要任务就是编辑材料，我们的新闻和文化听力全部是实时的，外面的媒体有什么我们的课程里面就有什么，全部是实时的。什么东西放在文化听力里面呢？比如说社会上的一些热点啊，甚至是一些国别的介绍啊，还有比如说旅游景点，都放在这个里面。因为我们有一个专业方向是国际会展与旅游，所以我们把这些有关的东西放在一起。我们的老师编辑材料，依托我们自己开发学生机助式的软件，也是让学生自己去进行听力练习，电脑评分。

那么写作课为什么把它当作口语的输入课程呢？因为我们的《中级英语写作》主要是试验王初明老师提出的那个"写长法"，就是说，你就猛写吧，写多长就多长，它主要是想以写作促进学英语，基本概念就是以写促学。另外一个就是特写，还有一个访谈写作，像写对话等。这些东西其实跟口语也是相辅相成的，学生写的时候可以慢慢地想，想好了口语里面就可以流利地说，所以把它也当作一个输入课程。还有文献资料研究和社会调查，是在《高级英语写作》课程里面的，我们高级英语写作后面还有一个是学术论文写作。我们的写作课一直开到四年级。

那么我为什么没有把阅读课放在这里作为口语的输入呢？我们的阅读课程很多不是实时能用的，那种词汇是一种更长效的，不是即时用。而从交际英语到写作里面的内容呢，这些词汇都是比较实时的，跟社会热点配合比较紧。这样一些词汇或材料或社会采访的东西，在我们后面的口语输出模块当中，就是有用的，阅读课里的有些词汇反而用不上。

我们的《演讲技巧》和《辩论技巧》是二年级开的，具体我就不说怎么操作了，因为我没有上过这个课程，但是这里面它侧重强调的有几点。第一点就是跟学生提的问题一定要是真问题，真实的问题，不是无病呻吟的，只有这样才能提高学生的能力，才能让学生真正地去培养这个思辨能力。然后，也把演讲、辩论和一些实践结合起来，比如说创意策划，比方说你要策划一个广告，然后去说服客户接受你的创意，还要说服媒体，怎么样转播。就是实例操作的。我们把演讲或辩论和实际结合起来。当然我们也有模仿性的，也有像刚提到的英国议会制辩论，这个我们也有。这是一年级二年级的，那么三年级，我们英文学院有一个戏剧大赛，四年级有翻译大赛。这样组成一个口语输出模块的组合。我们在二年级有一个辩论大赛，这个辩论大赛在第一阶段也是全体学生参加的，第一阶段就是给一个非常大、非常宽的题目，让每个学生从不同的切入点切入这个题目，进行演讲。这些观点慢慢的逐步形成，然后优胜者再进入第二阶段即兴演讲。这个即兴演讲第一个是归纳第一阶段的那个大题目，第二就是即兴演讲。然后从第二阶段的优胜者中，到第三阶段的辩论。也是先准备，但是也是现场抽取谁是正方谁是反方，谁是一辩谁是二辩。所以学生在准备这些活动中，能力得到了非常大的提高。我也把它纳入到了口语教学这样一个体系当中。

最后一点，就讲一讲我们英文学院这个戏剧大赛。这个戏剧大赛也是非常有名的，我们从1998年就开始了，目前已经进行了13届戏剧大赛，从1998年到现在一届都没有断。这是全国的十大校园文化精品之一，是非常有名的。参与者主要是三年级学生，但也是全年级参与的，每一个系出一个节目，然后进行比赛，一切都是学生组织，学生都感觉到极大地锻炼了能力。包括所有的排演、剧本改编、排练、服装、道具、灯光、字幕以及CD的制作都是他们自己完成的。有企业赞助，评委也是国际评委，像以前倡导这个活动的毛思慧老师和方健壮老师，是他们当系主任、当院长时创办的戏剧大赛。比如说毛思慧老师，他现在是在澳门大学，但无论在哪儿他都来参加，13届一届都没有断。这个也是英文学院的一个重大节日。学生一般要花半年左右排戏。我们是想把这样的比赛常态化，现在正在跟大学申请要建立一个小型剧场。以前每一年都要做道具，有了小型剧场我们就可以把一些道具放在里面了。因为现在有一个改革就是实践教学的改革，广外非常强调实践。我们也想建这个小型剧场，像法学院建模拟法庭之类的。

我谈的看着好像是杂七杂八的，但是我的一个理念就是，口语能力的培养不是单纯的语言能力培养，它是需要系统的、全方位的立体课程，输入输出都非常重要。就口语本身而言，当然我们更要注意的是它的产出。输入应该有其他的课程来配套，关键就是这个输入和输出一定要配套。比如说我们的写作、听力，以及交际英语跟我们的辩论、演讲怎么样形成一个配套，这是非常重要的。同时，口语能力培养要以实际的交际性需求为驱动，如果是无病呻吟那是提高不了学生的能力的，学生也是不感兴趣的。一定要贴合学生实际，贴合社会实际。口语需要实践，我们要在中国的大学校园里创造真实的外语需求。这个真实外语需求怎么创造呢？就是实际驱动，让学生跟社会结合起来，跟热点结合起来，不管是写还是说，都要创造这样一个需求驱动，才能充当外语口语的实践。还有一点是口语能力的培养固然重要，但更重要的是实际的语言运用能力和思辨能力的培养，只有以后者为依托才能真正提高口语能力。就说到这儿，谢谢！

金利民：

谢谢余老师！现在我们应该是茶歇时间，我说一下几个安排。第一我们先到门口去合影，注册参会的老师站前面，旁听会议的老师站后面。下半场我们还有四位发言人，准时在差 10 分 11 点开始，每人 15 分钟，因为我希望最后能留 10 分钟的时间让听众对圆桌会议发言人提问，所以下半场我就去掉所有的主持语，发言人一个一个上台发言。好不好？谢谢大家！

许立冰：

英语语言文学专业现在面临的局面不容乐观。不包括私立大学在内，全国一共有 1,200 多所高校设立了英语语言文学专业，所以除了要面对本科各个专业的毕业生英语能力比以前普遍提高这样一个情况外，从专业竞争的角度上来说，我们英语语言文学专业如今已经没有"物以稀为贵"这样一个优势了。也就是说，我们上外英语学院现在面临着一个非常大的挑战，我们怎样才能让我们的学生相对于别的 1,200 多所高校的英语专业学生而言体现出全国重点学科点的优势和特色来？

2010 年 9 月查明建教授担任院长伊始，提出的问题就是，上外英语语言文学专业以后应该怎么定位。他指出（和刚刚孙院长讲的一样），情况虽然还不至于迫切到需要救亡的地步，但是解困已然成为我们目前的首要任务。查明建院长提出的应对方针就是：我们要把人文教育背景下的英语语言文学专业建设作为目前英语语言文学专业解困的一个根本办法，我们不能满足于高就业率，而是要以培养适应全球化时代的高端精英人才为己任，英语专业的学生不应该只满足于成为具有听说读写译能力的双语技能人才，更应该是具有独立而健全的人格、扎实的人文知识结构、广阔的国际视野，具有思辨和创新能力，具备终身学习的能力和强劲的发展后劲，能够较快适应各种工作的人才。

刚才余盛明老师概括了广外英语学院的基本情况，说到广外扩招非常厉害，而我们上外英语学院除了受到扩招的冲击之外，还受到郊外设立大学城的这么一个冲击。先说扩招。我 1995 年在上外英语学院研究生毕业留校时，我们一个年级共有六个班，每个班是 20 到 22 个同学，一个年级不过 120 余人。但是 2007 级的这一届学生，一共有 11 个班，学生总人数达到了 307 人。这 16 年来，我们的师资以前是 50 多，现在 60 多，只增加了 20%，但是我们的学生人数却是比翻倍还要多，所以扩招给我们带来的第一个问题就是师资严重不足。其次，扩招加上到郊区设立本科校区，生源质量急剧下降。我们在虹口校区的最后一届学生的高考录取分比复旦还高，而我们松江校区第一届学生的高考录取分比虹口最后一届学生要低整整 40 分——相差 8 个档次——这个已经不是差距了，这是一道鸿沟。 生源质量的下降是诸多问题中最令我们头痛的一个，它给我们学院的英语教学，无论是技能教学以及人文精神的培养或者说是思辨能力的培养都带来非常大的挑战。

这一年来，为了迎接这个挑战，我们学院在教学的各个环节为提升学生的人文素质做了一系列的尝试，其中就包括思辨能力的培养。我们认为思辨能力的培养是人文教育当中一个非常重要的环节，一个不可或缺的环节，所以我们对于学生思辨能力的培养也做了一个慎重的思考。这不光是将来我们口语系列课程教学发展方向的一个理念，同时也是我们课程设置、课程建设的理念。

我们认为，思辨能力应该是思考能力以及口头、笔头表达能力的一个综合。这个思考能力当然指的是批判性思维，我们从四个方面来架构学生思辨能力的培养——也就是说，我们觉得学生的批判性思维应该达到这四个维度。第一个维度是一个历史的角度；第二，我们希望学生的思维可以具有时代感和现实感，具体而言， 就是让学生意识到，忽略了现实生活的思想是无意义的；第三点就是思维的文化多元性，现在大家都在强调文化的重要性，因此多元化思维的重要性不言而喻；最后一个是哲思维度，不能让学生满足于表象性思维，而应该努力培养他们对表象之下事物本质的洞察能力。我们认为这四个维度在培养学生思辨能力也就是批判性思维的时候是不可或缺的。

也因此，我们对于英语学院的课程设置一直按人文教育的标准在进行调整，尤其是选修课。其中，很多课程的设置都是围绕着对学生思辨能力提高的四个维度来进行的。比如说从历史维度培养学生思辨能力，虽然中国学生从小到大对中国历史有着比较详细的了解，但是他们对于世界历史的了解却不多，我们给大二大三的学生开设了"英国历史"和"美国历史"，希望可以在他们的批判性思维能力之中增加历史这样一个纵向的维度。第二，我院课程设置调整时的另外一个考虑就是要促进学生的多元化思维能力，这方面所涉及的课程包括了"西方文明简史"、"英语史"以及"英汉对比与翻译"、"论语翻译"这样一些课程。大部分入学的新生在拓宽视野这方面做得很不够，所以新生进来后，大一阶段我们先给他们开设了两门课程，一门是"比较文学与比较文化"，这门课程是由我们院长查明建教授亲自授课的，目的首先是要开拓一年级新生的视野，提升他们文学、文化的意识与境界，同时以文学和文化这两个"润物细无声"的渠道，增加他们的人文素养，培养他们的人文情怀。这是给 2010 级新生增加的选修课。对于

2011级新生，我们增加的课程是"欧洲文化入门"，让英专学生在第一个学期就能对西方文化有一个基础而又全面的了解，同时启发他们认识到，对中国、中文以及中国文化的思考还可以放到西方文化这样一个背景上来对比进行。这两门课程设置的目的是使我们的学生从初入大学的基础英语学习阶段就开始接受人文教育的熏陶，感受"汇通中西"的魅力，拥有广阔的国际化视野。

还有一个就是哲思维度，这一点对于我们的学生而言可以说是缺的最厉害的一维。这也跟我方才提及的我们学院的学生生源质量下降是有直接关系的。有很多学生进校以后告诉老师说，他们中小学阶段除了教科书以及教科参考书之外什么书都不看。以这种"应试教育模式"培养出来的学生进入上外英语学院以后，我们英语专业教育人文人才培养模式遭遇到一个非常大的挑战。不过挑战的同时也意味着一种趣味，也就是说教师教书育人的任务固然很艰巨，但这同时也给我们的教学工作带来很大的趣味。我们现在一是通过课程设置来解决，目前我们为此开设的课程有"英国思想史"、"美国思想史"、"西方经典思想作品选读"、"美国经典思想作品导读"等课程，另外的办法是在提高现有教师的水平的同时引进人才。

我们学院提出人文教育背景下的英语语言专业建设还提到一点，就是说我们的人文教育的课程要继续提高学生的英语水平，而同时在我们的英语技能课上，也要以人文教育为一个基本的出发点，让学生从各个方面受到人文教育的熏陶。这一个目标的实现一是要体现在教师的修养上，第二个是体现在教材、课堂材料以及课外材料的选取上。另外，我们对于课堂教学设计的要求就是要培养学生对人文素养的兴趣，以此培养他们的人文素质。

在课堂上对学生思辨能力进行培养这一环节上，口语课、演讲课以及辩论课教学占了很大的比重，这也是我们今天这个论坛需要探讨的主题。感谢北京外国语大学英语学院为我们大家提供了这个平台。因为我们觉得就英语语言学习基础阶段思辨能力培养而言的话，口语系列课程的教学在思辨能力培养中起着非常重要的作用，这不光体现在口语系列课程建设中口语能力的输入和输出上，同时也体现在口语课与其他课程设置的具体联系上。在口语系列课程的设置上，我们和广外一样，大一的口语课侧重的是口语交际能力，大二我们为学生开设的是公共演讲课与辩论课。我们给学生开设辩论课的王磊老师此刻也在座，等到自由交流的时间，大家可以与他交换意见和看法。

在口语系列课程的课堂教学中，我们认为选题是非常重要的，一方面能带动课堂气氛，另一方面可以促进学生的多元化思维方式。比如说，我们的口语课有外教也有我们学院自己的老师。他们提出的一些话题都具有启发性。其中有一位任课老师在课下老师自发的讨论中曾经提道：他让学生在课堂上谈论"2"与

"3"的区别，这是作为一个预习的任务布置下去的。对于学生来说是一个很大的挑战，因为他们想不出从哪一个角度才能找到"2"和"3"的区别。所以，为了能够深入、全面地谈论这个话题，他们那一个星期跑了很多趟图书馆，同时也向学院里非常多的老师讨教。在课堂上，这位老师最终揭开了谜底：这是一个思维角度的问题。"2"，更多的是一种二元思维，因为我们的学生大多习惯一种"非彼即此"、"黑白分明"的思维方式。但是有了"3"就不一样了，第三个角度的出现给人类思维发展的多元化提供一个无尽的可能。这位老师在这节课上是从阿拉伯地区的一些语言着手的，在这些语言中，名词的数除了有单数、复数，还有双数。这明显是人类思维发展留下的一个轨迹。那么，就从这一点开始，老师做了这个提示之后，学生的兴趣马上跟上来了，除了课堂上的即席反应之外，课后他们还就这个话题作了进一步的探讨。

另外，我们还请了一些富有启发精神并且对中国文化和文字有一定了解的外教。有一位外教把老子与孔子的话语中西方人比较感兴趣的部分放在一起，请同学们在课堂上作即席的讨论。他希望学生从不同的角度对这些话语进行思考。比如说，第一，作为一个中国人，你对这几句话是如何反应的；第二，作为一个中国的英语学习者，你对这些话又是如何反应的。接着，这位外教将他自己和朋友们对于老子和孔子语录的反应告诉大家，然后让学生再做一个讨论。这样的课堂教学对于提升学生多元思维的能力是非常重要的。

讲到这里我们其实也提出了一个新的课题，也就是说，要培养学生的思辨能力势必也对教师提出了更高的要求。首先，教师必须有相当的文化底蕴，他本人要有相当强的思辨能力；同时，他必须有出色的口语能力；另外，考虑到全球化的背景，我们希望我们的老师具有多元文化、跨文化的意识及背景。有了这样的意识，这样的背景，教师才能够比较主动地带动学生进行这方面的自我提高。我们学院这方面对老师的要求是比较高的。所有的老师至少要上两门或三门课，像王磊老师除了给学生担任演讲课的教学工作之外，还给学生开设了"希罗神话与西方文化"、"《圣经》与西方文化"，以及"莎剧赏析"。有这么多课程打底，就培养学生辩论或是演讲方面的思辨能力而言，便有了一个很强的优势。

我们除了在课程设置、教学环节上强调对学生思辨能力的培养之外，课外学习这一环节也做了大量的工作。我们开设了系列讲座。目前这个讲座主要是针对新进来的大一学生，同时兼顾其他三个年级的同学，讲座的名字叫做"英华人文知识系列讲座"。第一讲就是由我们院长查明建教授开设的，主题为"什么是英语语言文学专业"以及"全球化背景下我们如何进行英语语言文学专业的教育"。我们希望从学生进入上外英语学院的第一个月起，就能对自己专业和自己本人的定位有一个很好的了解及思考，这是英语专业学生思辨能力培养的第一步。我们希望，通过课堂内外的教学以及其他各种活动，学生可以朝着"具备出众的语言技能、健康的独立人格，拥有高尚的人生观和价值取向，富有人文情怀"这个目标不断迈出新的步伐。而我们今后的努力方向就是在英语专业人文教育这个大背景下，帮助、引导学生提高语言技能、树立人文情怀，提升思辨能力以及创新能力，取法乎上，见贤思齐，使学生做到勤于学习、善于思考、勇于探索、敏于创新，最终成为社会的中坚力量。谢谢。

金利民：

谢谢许老师，还剩了一分钟，下面我们有请北京语言大学的张威老师。

张威：

谢谢金老师，今天也很高兴能准备一些材料来为各位介绍一下北语口语教学的基本情况，同时也带着一些困惑来向各位专家，我们兄弟院校的领导、老师们、同学们做一个求解。所以就是三个关键词：介绍、困惑、求解。

北语是教育部直属高校，与北外、上外、广外统属外语院校。现在，英语系的规模不大，5个班，但是也不能说是"精英教育"，学生的招生质量由于扩招也受到了一定冲击。现在的学生情况是，30%是各地的外校保送，这部分还是不错的，但是70%是普招上来的，所以由于各地的教育质量，学生口语水平也是参差不齐。所以，这也给口语教学带来了很大挑战。我们的做法呢，也比较常规。口语教学包括三部分：语音、演讲、辩论。应该说比较传统。但是，其中也多少有一些自己的特色。我就简单说一下。

大家知道，北语是以对外汉语教学为主的学校，学校里外国学生所占的比重要更大。现在12,000学生中，有7,000-8,000是外国学生，中国学生只有4,000，最多时5,000。所以，在教学当中，特别是口语教学，龚老师给我这个话题的时候，我就非常有感触。我们没有提升到研究、团队建设的层次，但是实际上确实做了一些事情。也是把怎样提高同学在口语辩论中的思维能力融入到课程设置、教材开发、教师培训等等这些环节中去。其中，我们做了这样一些尝试，虽然很不成熟，但是我想我们会继续走下去。有一些经验教训也希望有更多的机会与大家交流。

其中一个呢，就是利用我们现在的这个强项作了一些尝试。就是混合教室，有外国学生、中国学生，我们把外国学生，特别是母语是英语的学生引入到我们的课堂中去，现在基本上每一个班至少有一个学期能有一个母语学生在班上同时上，这样就相当于给大家一个很大的刺激，可能其他兄弟院校都是中国老师教口语，这边我们全部都是外教教口语，所以这里呢也就是做相互的一个协作。母语

131

是英语的师生的感受，他们的理解和我们中国人对外语的理解、接受程度是不一样的。因此，学生在这种课上觉得压力比较大，有一些错误，无论是语言错误，还是思维错误，可能更多的是一种文化思维上的差异，我们觉得说得很清楚，论点、论据，甚至是论证的程序，但是母语的人听不懂。所以我觉得这是一个很要紧的问题。我们带北语同学去参加一些辩论比赛，也有这样的感受。刚才吴老师也提到，语言跟文化、语言跟思维的关系。我觉得这个非常准确，一定要用这种语言，用符合国际规范的思维模式去进行口语的交流。当然，这个话题很大，可以切分成很多的细节去做专题讨论，但是我们这边做了一种很末端的尝试：中国学生与外国学生进行同堂教学。

第二个呢，在课型的设计上，我们会把一些辩论的思想融入到其他的课程中，不仅仅是口语。比方说，我们有听说课、视听说课，甚至还有翻译课，我们都会把辩论的环节加进去。比方说视听说课，这门课程我们正在申请北京市精品课程。其实这个环节也很简单，就是把你听到的内容进行讨论、辩论，然后还有一些讲评。在翻译课上，我们也是这样做。当然，也希望能够成为一种模式。现在我们也仅仅是在实践。

前面是一些简单的介绍，但是也引发了一些困惑。刚刚也提到，比方说，学生质量问题，有些学生过不了这个语言关。那怎么办？一个班上的同学水平参差不齐，有些非常棒，有些说他是初学者的水平都很难达到。那怎么处理这个问题？我们现在也比较迷茫。能不能分快慢班，这样是不是合适。特别是对口语辩论，大家的交流是不是更充分。还有一点是教师，虽然我们现在是全外教教口语、辩论、语音这种课程，他们是不是能够充分理解中国学生作为一个外语学习者的困惑和问题。我想在这一点上，吴一安老师更有发言权。在外语教学中，学习者自身的模式、动机和困惑，焦虑甚至是一些学习问题，不一定是母语者所能真正理解的。所以，我们也在考虑全外教这种口语教学、辩论是不是适当。还有一个问题，我自己也很困惑。无论什么样的方法，什么样的教材，怎么样去评价，模式也好，方法也好，怎么去评价，这个评价涉及到很多问题。比方说，你的标准，你的程序，你的评价人，怎么样说"这样就是好，那样就不理想"。这个问题，我也很困惑。我们当时尝试了很多办法，包括我们在外语教学领域、二语习得中比较流行的一些方式，交际法、沉默法等等，在口语课堂中我们也多做了一些尝试。当然，可能由于自己的原因，一些老师没有作深入的分析和实证研究。我刚才看到我们今天的一些议题，觉得非常有意思，做了一些研究，做一些前测，做一些后测，再加上一些控制因素，可能一个小小的设计，就可以印证我们的理念，得出一些有可观证据的结论。我们想，这个我们今后可能也应该要加强。还有一个小问题，就是教材，我刚刚看到有一本教材，是外籍老师编的一本书，有它的特色，但是，我个人，包括我的一些同事在与其他学校老师交流过程中，包括刚刚北外老师介绍，他们编写的口语初级、中级、高级，我们曾经也用过，但是总是发现，以一本或两本教材作为支撑口语、辩论教学的基础，总是觉得有一些缺憾，无论是你的材料设计，还是你的设计理念，还是你的执行程序，是不是符合我们这个学校？所以现在我们北语没有太固定的教材，全部依靠我们外教老师的理解，以及与学生的互动，在网上寻找一些资料来进行辩论。这样做是不是好，也很难确定，值得我们去讨论一下。

最后，说一些希望能够得到大家帮助和求解的问题。这是我来到这里带着的一个主要目标。就是在口语辩论这门课的设置上，怎么样能够比较合理地融入到我们的整个教学大纲中去。我想一个简单的做法就是压缩所谓的技能课、知识课，我们上一次去广外取经，他们听力是零课时，当然也涉及到是不是有口语的零课时。当然会有一些技术的支持和技术的基础。但是这样做是不是完全适合，至少在我们北语还不能这样做，不是技术因素，而是因为学习者自己的主动性、老师的反馈等等这些因素，所以在北语课程设置上还是比较传统，口语、辩论所占的比重都比较大。另外还有一个是我个人的感受，刚刚吴老师也提出来，口语辩论、口语交际的培养目标到底如何定位，是说得很流利，还是说你辩论的内容很丰富，很能让人信服，我个人觉得这是一个矛盾。我们也参加一些辩论的活动和比赛，一些获奖选手，当然不是普遍情况，他的语音、语貌并不理想，但可能是他的内容取胜，在这一点上我们做了一些讨论，也有一些老师进行了比较分析，我们培养出来的学生到底是看他的实质内容，还是看他的语言面貌非常扎实。当然，还有最后一个教师问题，我觉得一个课程改革，刚才吴老师和金老师也谈到，是折腾吗？还是一个值得我们追求的事业？一旦一个课程改革，一个模式设计下来，那么这个老师就必须全身心投入，这时候就会引发一些很实际的问题，现在北语也是一样。比方说将来评职称、晋升，你是不是有这个充分的准备，你其他的方面要不要发展，或者是你将来要发展的领域有没有足够的平台供你去发展。当然这也是我个人的一些困惑。也许我们将来这个天地会非常广阔，我也希望我们能够做一些细化研究。

最后我也希望我们这样的一种主题研究能够持续下去。我们在北语也作了一些小规模的探讨，但是没有做到像北外这样专业。希望这样的交流活动、甚至是全国范围内的研讨能持续下去，能够把我们的口语教学和其他方面的教学与思辨能力结合得更好。谢谢！

金利民：

谢谢张老师，下面有请外交学院的魏腊梅老师。

魏腊梅：

各位领导、同事，大家好！很高兴今天能有这个机会和大家交流。今天我是代替我们外交学院英语系的石毅副主任来参加此次研讨会的，和大家交流一下我们系开展辩论式口语教学的一些经验、体会。

思辨能力是每一个有思考能力的人都应该具备的能力。在我们在座的老师成长、受教育的年代，是不重视学生原创性与独立思考能力的培养的。我们习惯于被动接受书本知识，很少质疑其权威性与正确性；我们习惯于考试题的标准答案。所以我们很多人到自己三四十岁的时候猛然意识到：自己仿佛是一直在因循守旧地沿着一条公认正确的道路走着，到底自己是否喜欢、是否适合自己，没有想过。我们对很多事情缺乏独立判断能力，人云亦云，说着大家都说的话，做着大家都做的事。我们今天的这个研讨会，正是我们对教育和教学的反思，我们要培养什么样的人？是一群重复别人观点、执行别人命令的机器人，还是有独立思考能力、有创造能力的人？比如说有大量的英语系学生参加 CET-4、CET-6 考试，而他们其实已经获得了英语专业四级、八级证书，经常有一二年级学生问我，自己是否应该报名参加大学英语四级六级考试，因为他们也不清楚这些证书有什么作用，只觉得多考一个证书没坏处。面对近些年的公务员考试、考研大潮，跟学生探讨的时候，他们会认为有社会问题在后面，但是作为老师，我个人觉得，学生对一些事情是没有自己独立的判断能力的。他们掌握信息不够充分，也没有全面考察这些现象的习惯与能力。信息不够，分析能力差，自然判断能力就差，就只好人云亦云，跟风从众。大家都在考，那我也考，恐怕自己落下。他们往往没有想到这里的成本，这件事是否适合自己。幸运的是，今天在教育界普遍意识到培养学生认识问题、调研问题、分析问题、解决问题的能力，我们在教学的诸多环节也都开始提倡培养学生的批判性思维。随着"以学生为中心的课堂"的倡导，老师的"权威、真理"地位应该被打破，标准答案式的授课方式应该向敞开式的、讨论型、研究型发展，学生应该通过老师的指导，成为有独立思考能力、分析能力、判断能力的人，有创新精神的人。

批判性思维的定义众说纷纭，影响力较大的是 20 世纪 90 年代美国哲学学会运用 Delphi 方法得出的结论："批判思维是有目的的、自我校准的判断。这种判断表现为解释、分析、评估、推论，以及对判断赖以存在的证据、概念、方法、标准或语境的说明"（Facione, 1990）。在当今知识爆炸、信息令人眼花缭乱的年代，只有具备了批判思维能力，我们才能面对知识、信息的汪洋大海，清醒地知道如何取舍信息、如何评判信息，做出明智的决策。我们的教育目标之一，也是培养具有这样能力的人才。

在以上精神的指导下，外交学院英语系在这方面也做出了很多努力。早在

2004 年，英语系即有了把辩论队扩大、变成常规性的俱乐部式的组织的想法，大力推动学生参与辩论活动。经过几年的实践，演讲、辩论活动逐渐从学生自发活动变成正式的选修课，深受学生欢迎。英语系于 2010 年又提出"辩论式口语教学"。口语课的定位，最初还是比较侧重语言，比如词汇、句型、表达方式以及相关的文化背景，然后通过对话、讨论锤炼表达能力。但是，随着我国英语教学整体水平的提高，学生升入大学时已经大多具备了基本会话能力，以上教学方式已不能满足学生需要，这也对我们的口语教学提出了新要求，我们必须做出反应。

　　传统上，英语系的口语课是由外教开设的，两年共四个学期，第一年每学期 4 课时，第二年每学期 2 课时，全部由外教授课。外教教授口语课有好处也有坏处。成功的案例，是我们口语课的一个教案。这位外教在教学大纲中就提出："本学期口语课的目标就是为了回答一个问题"，"什么是领袖精神？"（What is leadership?）通过本学期一系列的阅读、课堂活动、讨论、辩论以及各个专题，希望在本学期末学生能得出自己的一个结论。就是"你认为什么是领袖精神？"。没有任何两个人有相同的答案，学生一个学期中都在积极寻找一个敞开式的问题的答案，没有现成的答案，没有标准答案，学生必须通过自己的阅读、分析、思考，得出自己的结论。但是并不是所有外教都能这样授课。外教教授口语课，语言方面可能比较真实一些，但是在系统性、认真程度、流动性方面都有不可忽视的缺陷，质量也很难保证。另外，在口语课的课程设置上，外交学院在二年级还开设了专题讨论，也是由外教教授。在内容上，口语课侧重社会、文化方面问题的讨论；专题讨论就比较重视时事、国际关系、外交等方面内容。我们必须给所有口语课授课教师以明确的教学指导：我们希望通过口语课教学，学生既能提高语言表达能力，也能培养批判式思维能力。我们向外教推荐了采用演讲、辩论的课堂教学方式。

　　我从 2005 年至 2008 年连续辅导我们学校的演讲、辩论队。在带领学生参赛的过程中我发现，有些非英语专业的学生会获奖成为黑马！让英语专业的老师和学生都感觉很受打击。这就促使我们思考，为什么非英语专业的学生，他的英语表达可能不够完美，但是在占有信息、提炼观点和对问题的分析、理解上都比我们英语专业的学生深刻很多？英语系教学中过多重视语言技能的传授，对学生思考能力的培养重视不够。因此，这也促使我们进行教学改革。2010 年我们提出"辩论式口语教学"，将议会制辩论带入口语教学。外交学院多年来一直很重视学生演讲、辩论能力的培养，在各种全国性比赛中也取得了较好的成绩，积累了大量的人力资源与教学经验。我们有比较完善的培训教师梯队与坚实的学生基础，学生参与热情很高。所以也奠定了我们开展辩论式口语教学的良好基础。

　　通过对多年演讲、辩论活动的总结，我们发现，进行辩论式口语教学能够拓宽学生的知识面，使学生学会独立自主开展研究工作，对信息进行收集、选择、分析、判断。学生为了准备辩题，要收集大量的资料。在准备、查阅资料的过程中，需要教师的指导，学会对资料的取舍、分析与评判。学生通过这个过程既积累了知识，又学会了对材料的选取、批判以及自己独立思考的能力。同时，他们的口语水平也有所提高，几乎每一位参与的学生都反映自己口语表达能力极大地提高了！更多参与辩论练习的同学，哪怕没有机会参赛，也积极踊跃参与辩论活动，因为深深意识到了辩论给个人英语能力带来的极大促进。但是在这个过程中，我们也发现了一些问题：在通过辩论培养口语能力的时候，学生会困惑自己语言质量不够精良。学生也会担心说："老师，我就这么随便地说，但是可能我这么说都是错的。我要长期这么说错下去，可能以后都会很难改了。"这也是我们要解决的问题。

　　下面我就我们演讲、辩论老师对于授课具体的操作和大家分享一下。我们的演讲、辩论课都是在二年级的时候开设。演讲课开设一个学期，每周两个课时。主要侧重三种演讲篇章的介绍，如"介绍性的"（introductory），"劝说性的"（persuasive）和"论说式的"（argumentative），每个学生都要完成三个演讲。老师一节课讲授演讲技巧，然后，下一节课把这些技巧融入到一个题目的练习中，让学生现场就能针对这个题目进行训练。同时，教师还会在演讲稿的写作，从题目的产生、发展，最后如何组织文章，进行引导。从教师的反馈来看，演讲课对中等或中等以上学生的效果较好，他们反映自己提高很快，觉得自己说话的逻辑更清晰了，对于一些问题的看法更深入了，角度更拓宽，更全面了。这正是学生批判性思维能力提高的证明！

　　我们的辩论课也开设一个学期，每周两个学时，主要是采取观摩辩论比赛、分析辩题、收集资料、分析资料、正反方立论等形式，教师讲解配合着实际辩论操练。辩论社每周有小组活动，由学生组织的，偶尔会有老师参与。辩论一般采取美式议会制辩论或英式议会制辩论的形式。主要侧重辩论技巧与实战相结合的训练。学生分成小组，按照大的主题分别收集材料，比如：环保、经济、医疗改革，诸如此类辩论赛中常见的主题。学生收集材料的时候，会分正面、反面同时收集。在每周活动时，老师会组织大家集体讨论，对材料进行分析、评判，鼓励学生发表个人独立见解。或者是提出一个即兴辩题，老师与同学一起进行"头脑风暴"（Brainstorm），学生分为两组，分别从正面、反面提出论点。学生反馈收获很大，自己的思路很清楚，逻辑性更强了。

　　我们遇到的问题和刚才的几位老师提到的一样，就是评价体系。我们实施的"辩论式口语教学"的课程改革，以及开设演讲、辩论课，都是为了提高学生的思辨能力，但是如何评价一个人思辨能力的提高，标准是什么？大量的学生向我们反映，通过演讲、辩论课的学习，自己思维能力提高很快，但是这些都是主观的、感觉上的，如何切实衡量？目前，我们在学生选择演讲、辩论课时，做了一个问卷调查，包括一些测试题目，但是那也只是一些非常主观的题目，学生自己的主观评价。我们还会把学生选课时候的表现和结课时候的表现作一些比较，把选修这门课的人跟没有选修的人进行比较。在课程开设过程中，教师也会对学生表现有跟踪记录。但是这些评价还是主观性比较强。如何让它更加客观，这也是我们在实践中的困惑。

我们英语系目前已经广泛在所有课程中倡导批判性思维的培养。所有语言技能课都可以用来培养学生的批判性思维能力。在口语课之外，精读、泛读、写作课等，都可以有意识地使用一些培养学生批判性思维能力的手段。比如说我们学了一篇文章，老师就可以提问学生，你同意作者观点吗？为什么同意？为什么不同意？这篇文章好在哪里？不好在哪里？如果你来写同样的主题，你会如何写？如果老师放弃自己的"知识权威"地位，鼓励学生提问，提出异议，与学生平等地在知识海洋中探索，积极通过各种方式引导学生思考，指导学生寻找答案，做出自己个性化的回答，那么我们培养的就是一个有独立学习能力、会思考、有创新能力的人才！

以上就是我们英语系目前在开展英语演讲、辩论与学生批判性思维能力培养方面开展的一些工作，与大家交流，希望也能得到大家的宝贵意见。谢谢！

金利民：

谢谢魏老师，最后我们有请北京外国语大学英语学院的侯毅凌教授。

侯毅凌：

大家上午好，今天我们讲的是口语教学与思辨能力培养，听了前面几位的发言，其实大家都提到了口语中也许是最重要的一个方面，也就是 public speaking，即演讲或辩论。龚雁老师也让我从公共演讲的角度谈谈思辨能力的培养。我做过不少公共演讲的培训和指导，也在一些国内的一些英语演讲比赛与辩论大赛中做过评委，我对这个问题确实还颇有感触。其实，就前几天，我参加了留学基金委的一个叫"海外新闻实习生选拔"的评审活动，我就拿具体例子来说吧。有个问题问一个候选人，你能不能谈谈中国与国外媒体的区别。那位候选人说：我认为，国外媒体与我们的最大的区别就在于他们充满了偏见，尤其是那个《纽约时报》(*New York Times*)，偏见很多，而且老是在谈新闻和出版自由 (freedom of press)。我听后很惊愕，于是我就追问，你是新闻专业的，你认为这个新闻自由应该是要还是不要？他想了想说，新闻和出版自由还是要的，但是他们讲得太多了，太强调了。这个话我就没法问下去了，再问下去他肯定是越说越乱。所有参加选拔的都是研究生，在研究生这个层次上，他的思维都表现出这样的一种混乱，而且他都没有意识到。评委还问过一个问题，你认为新闻记者的最大使命是什么？一位候选人说是要客观地报道事实真相。我们又问她，你认为有没有绝对的真相或绝对的真实？她说，我认为绝对的真实是没有的。我们再问，当事实真相和民族利益发生冲突的时候，你觉得哪个应该先考虑？他说，"当然应该是民族利益在前。"听了这样的回答，你就不知道她对新闻这样一个职业是怎样的理解。这个问题其实与我们这里讲的思辨能力密切相关。这是我近期的一个经历与感受。今天，我也是从个人经验出发，对学生在公共演讲中的表现总结了几个方面的问题，这些问题其实都指向思辨能力的培养。

第一，学生对演讲题目或主题的理解比较狭隘，也比较简单化。我还是拿一个例子来说。今年早些时候，我去深圳参加了《中国日报》（*China Daily*）主办的"21 世纪杯全国英语演讲总决赛"，我当大赛的提问评委。决赛的题目是"Youth and Faith"。比赛中，大部分选手表达出来的意思基本上就是在中间加了几个词，比如，Youth should have faith。这就是大多数选手呈现出的一种思维状态。其实，Youth and Faith 这个题目或主题，有很多东西需要思考，你得深入下去。比如，我们是说宗教意义上的 faith，还是平常讲的 have faith in something 中的 faith，这个 faith 是不一样的。另外，为什么要把青年跟 faith 联系在一起？两者之间的联系有什么特别之处？提出 youth and faith 这个问题的当前社会和思想背景是什么？这些思考在参赛选手的演讲中很少体现出来。到最终我们也听不出来 Youth should have faith 的真正理由是什么，而他们所说的 faith 是什么样的 faith，我们同样也没听出来。比较多的都是这种简单化的、偏狭的理解，缺乏对题目的深入分析以及挖掘。我分析了一下这里面的原因，一个是知识视野不够，知识视野不够就涉及到我们的课程设置。在我们的大学里，尤其是英语专业，我们的课程设置给学生提供了一个怎样的知识视野？我觉得学生在演讲中的问题并不完全是学生自身的问题；我们的大学大纲设置和课程理念都有这样那样的问题。

第二，是功课做得不够，就是我们平常讲的资料调研没做好。很多学生都觉得演讲就是一个表演（performance），是一个"秀"（show）。其实，任何一个演讲都需要去做功课，去做踏踏实实的资料调研。很多学生，尤其是我称之为的"参赛型选手"，他们比较浮夸，表现欲强，盲目自信，缺乏认认真真、踏踏实实去研究的精神。演讲，从来就不仅仅是嘴皮子功夫，一个好的演讲是思想、情感和语言等多方面的展现，其中，最重要的在我看来就是思想的分享，而思想往往不仅仅是灵机一动得来的。所以，不论你演讲的外在技巧多么高超，如果你想言之有物，你还是需要踏踏实实地去思考，剥茧抽丝。

第三点呢，我觉得这个问题比较大，我们还是可以在现有的条件下努力去培养学生的思辨能力。回到和谐社会这个题目上来，首先，这是一个怎样的社会？以前有没有提出过类似的理念，比如西方的柏拉图？柏拉图在他的《理想国》中提出，只要卫士（guardian）和劳动阶层（working class）他们各安其位，社会也一样和谐。柏拉图的"理想国"是否也是一个和谐社会？如果是，它和我们所想的和谐社会有多大本质上的差别？我们的和谐社会是往哪个方向发展？是根据这些蓝图的设计建设和谐社会呢，还是要建设我们常说的"有中国特色"的和谐社会？"中国特色"到底又是什么样的特色？在西方，现实世界中有没有和谐社会，或者某种样本？这些问题都值得思考，而且，我们为什么在现在要这么强调和谐社会？它提出的背景和根源是什么？是否仅仅是由来已久的寻找理想国的乌托邦冲动，还是有着特殊的当下性？这个问题很重要。但是，我在给学生辅导的时候，讲这些问题的时候，学生说，这个问题太大了。到最后，他为了比赛，还是把这个话题说得很小。学生不愿意进入到这样一种复杂的思维中去，因为他不习惯。因此，我觉得对社会问题的肤浅认识实际上是缺乏思辨能力的一个表征。还有，我觉得，年轻人的思维本应该是很活跃的，但从学生的表现来看，我觉得很遗憾，很多年轻人的思维表现出一种僵化和封闭，他们容易受媒体以及主流价值观的影响，说到底，这还是思辨能力缺失所致。

第四点，前面几位也都提到了，就是不善于倾听。我记得法国启蒙思想家伏尔泰说过一句话，大意是：When you listen, you have power；when you speak, you lose it. 他讲得很有道理，是有出色思辨能力的人才讲得出来的话。当你在听的时候，你是有优势的，因为你可以去分析，你可以去鉴别别人讲话的内容。另外，我们也讲有不同方式的倾听，有欣赏式倾听（appreciative listening），有移情式倾听（empathetic listening），有理解式倾听（comprehensive listening）和审度式倾听（critical listening）。这后两者，critical listening 和 comprehensive listening 其实都是与思辨能力密切相关的素质。演讲比赛中的问答环节，是一个最容易失分的环节，因为很多选手根本听不懂问题，你也可以说不会听问题。这其中当然有很多因素，比如在现场比较紧张，不能集中思想，但是，除了这个因素以外，更主要的原因是他抓不住问题的要害，即 point，这是思辨能力不好的典型表现。我们知道，在这种场合，评委问的问题都是有针对性的，是针对你演讲中的某些话或观点提出质疑，其实就是刺激你，看你怎么去解释、阐发或辩护。很多选手不去理解问题背后的意义，结果常常是答非所问。

我要讲的第五点，是滥用名言警句。这体现了什么呢？就是他缺乏真正思考的动力，用一些名言来替代自己的思想。我也跟一些评委交流过，我们总结了几个大家特别爱用的名言。一个是来自美国电影《阿甘正传》中的一句话：Life is like a box of chocolate, you never know what you're going to get。那么多的选手都爱引用阿甘的这句话，而且在他们的演讲语境中，这句话的引用往往显得莫名其妙。还有一个是说 Every coin has two sides。大家的笑声说明我们有同感。在我看，这体现了一种思维的懒惰，缺乏深入思考。其实，与这个相关的就是缺乏真正的创新意识。你做公共演讲，你一定要知道为什么要做演讲，如果你讲的东西大多数人都明白，你就没有讲的必要。你一定要讲一些能够给大家带来新的信息，或者是促使别人思考的东西。但是，在选手中这种意识还是比较少。表面上，选手在赛场上会用一些时髦的词汇，比如现在一说"给力"，就好像是站在时尚的前沿一样，选手们通常很喜欢用这样的词语。这样的词语还有很多。对于这种时髦词汇的追求其实也是一个思维陈腐的表征：陈词滥调，语言空洞，八股腔调。再比如，凡列举陈述，一般总是 first of all 开头，最后必是 last but not least。我为什么说这个也是思辨能力的问题呢，在我看来，总爱使用一成不变的语言，这本身体现了你思维的僵化和惰性。有的人连自我介绍都要分三部分，第一、第二、第三。我想说的是，说话人首先有没有这样的意识，这种介绍很乏味，很无聊？没有这样的意识就是思辨能力匮乏的一种表现。还有一个是，我们讲思辨能力的时候还包括一个情感因素，就是 affective disposition。我们在比赛中经常看到选手讲完以后自我感觉非常良好，但是评委给的评价不高。这些选手总是觉得评委对他们不公。这里面体现的是缺乏反思能力。他们没有去回想，去反省自己在各个环节中可能有的问题。

最后一点算不上一个突出的问题，但我也想提一提，那就是我们在有些选手的演讲中看到真诚不够。公共演讲很重要的一点就是真诚。我在想，为什么有些选手会缺乏这种真诚呢？我想原因之一是，他对题目没有深刻的感受，这不是他要讲的题目，所以他缺乏自然的真诚。缺乏真诚的一个表现是他经常编造故事。据我了解，听众也有同样的感受，一听某些故事，就知道是编的。编故事的选手可能觉得，非同寻常的故事比较能打动人。其实，这恰恰是一个错误，因为听众很容易就发现这个故事里面缺乏真诚感。真诚感缺乏的另一个原因是他没有思想的依托。他没有思想，因此必须要通过讲一个故事来代替所有的思辨，那么，随之而来的就是一种煽情，以煽情来代替理性的思考。

以上这些是我总结的我感受比较深的几点。我觉得，这些问题多多少少可以反映出，我们现阶段，英语专业以及很多非英语专业的大学生在思辨能力方面的问题。而且，我觉得我们可能更多的是需要在这些问题上的具体看法和策略，因为理念已经很清楚了：思辨能力的培养在口语，尤其是在公共演讲这个阶段很重要。那么，为什么这些问题不断出现？有的学校竟然在课程中还有"创新思维"

这样一门课。我前面提到的海外新闻实习生选拔，有几个学校的学生在他们的参选材料中就注明，他们的课程中有"创新思维"。可是，他们的表现恰恰是没有任何创新。这个就要求我们回到课堂，回到学生与教师的一种讨论，而且我觉得这样一种讨论也要明确告知学生，让学生知道教师在想什么，教师在这方面问题的反应是什么。我就说这些，谢谢大家！

金利民：

刚才我们听了五所高校的口语课程设计，其实已经超越了口语课的讨论，我们也听到了吴老师关于课程改革与教师发展之间关系的论述和感受，还有侯毅凌老师提出来，我们做了这么多的演讲、辩论培训，但在这些演讲、辩论选手的身上仍然存在着思辨能力的问题，这些都能引发我们深刻的思考。现在我们还有 12 分钟可以让与会老师跟圆桌会议的老师进行互动。哪一位老师愿意先带个头？

宋毅：

我叫宋毅，我是北京外国语大学英语学院的老师，因为各位发言人都谈到了思辨能力的评判问题，那我想问一下，你们作为专家，作为评判者，用的是怎样的标准呢？这个标准是否有一致性，还是看学生的个体表现，体现出当时直觉的一种感受？

余盛明：

我自己其实也研究过"语言评估"（language assessment），但是我们可能需要改变一种思维方式去评判这个东西。如果我们要用"标准参照"（criteria reference）这样的一个评判标准，我们要首先知道思维这个东西到底是什么？回答这个东西本来就很难，你要是纠缠这个呢，可能就没法评判。思维能力是什么，老师也不能给出标准答案。我们只能用一个过程评判，"形成性评估"（formative assessment）。我们不仅把这个用在口语方面，也用在内容教学方面。这个过程评判，我们是让学生自己评的，有同学评的，有老师评的。比如说，我们不看你思辨能力达到什么标准，我们看你一个学期下来，自己有什么进步。因为我们知道，学生是参差不齐的。你只要学期末比学期初有进步，那我们就给你比较好的分数。这样评估，我们平时就做一个"档案袋"（portfolio），把学生平时上课发言的录音保留下来。比如有一个题目辩论了很久，我们把你昨天的发言，今天的发言，和后边的发言都保存下来。还有一些写的东西，比如"大脑风暴"（brainstorming）、草稿纸这些东西都收集起来，然后老师对这些证据有一个打分。如果证据太多了呢，我们到期末把这些东西返还给学生，让他挑选出来，你认为你在这个学期的佳作是哪个，然后我们拿回来再评。我们是关注过程。还有一个关注就是你这个学期前跟学期末比有什么进步。评价的两个方面，一个是语言；另一个就是思辨能力。当然，我们不想去纠缠这个思辨能力是什么，有哪些方面。我觉得，这个目前做不到，所以我们没有搞这个"标准参照"。

最后，刚刚有几位老师提到了教材，我也顺便回应一下，也想跟大家交流一下。刚刚张老师提到，一个学校用一个教材好不好。我觉得，肯定不好。刚才侯老师也提到像"和谐社会"这样的复杂问题，学生不想思考，太复杂了。但是，我们用了一个方法，就是"以项目为基础"（program-based）。就是说，像"和谐社会"这样的题目呢，其实很复杂。让学生思考，他确实觉得太复杂。再比如辩论"安乐死"，这个题目也是非常复杂的，而且，短时间让学生把这样的一个题目搞出什么名堂，也是特别难的。那么，我们就把它做成一个项目，这个项目我们不需要用教材。光这一个项目，我们可以做一个学期或半个学期。也就是说，老师要引导他们一步步地去做，一个学期你把这个问题辩清楚了。实际上你永远也辩不清楚，这个问题本身就没有答案，"安乐死"涉及法律、伦理、逻辑方面的问题，非常复杂。学生的水平达不到，老师有时候也搞不清楚。那么，就跟学生一步步地做，跟学生长时间地，像一个慢镜头把它拉长，一点点地做。所以，我们辩论跟演讲是没有教材的。我们就是用这样一种以项目为基础的方法去做，做完一个项目，最后就把它收集起来。谢谢大家。

王磊：

我是来自上海外国语大学的王磊，我有一个问题想请教龚老师，是关于辩论的。我个人认为，思辨能力与辩论能力是两码事，一般的公民都应该具备思辨能力，但并不是每个人都具备辩论能力。那这个就涉及辩论课的设置以及选材，不知道北外开的辩论课是必修还是选修，如果是选修，对进入这个班的学生是采取怎样的选择标准？

龚雁：

思辨能力不等同于辩论能力，这一点我也赞同。思辨能力应该是辩论能力的基础和保障。具备良好的思辨能力的学生在辩论能力和技巧方面经过一定的训练应该可以成为很好的辩手。说到北外这个课程设置呢，我们目前的做法是，两门辩论课程中"英语辩论（Ⅱ）"课程是可以选修的，"英语辩论（Ⅰ）"是必修的，后面这门课程其实是"英语辩论（Ⅱ）"课程的一个铺垫，也涉及议会制辩论，只是在辩论的话题、频率、难易度等方面有不同，所以学生都会有系统地接触议会制辩论。

我顺便说一下前面那个评价标准的问题。实际上，任何一个课程设置如果没有评价标准作为指导的话，很难保证教学目标的达到。我们在课堂教学中借鉴了一些国外现成的评价标准，当然，这不是唯一的。我估计 Gary 下午的主旨发言会讲到这个，Paul-Elder Model of Critical Thinking。用这个模型中的元素评判学生的演讲和辩论发言。

金利民：

刚才提到的这个 Paul-Elder Model 在发给大家的 Gary 的那本书里有，大家可以看。再有，我下午的发言谈到的 Californian Critical Thinking Skills Test（加利福尼亚思辨技能测试）时会谈到思辨能力包含哪些更具体的方面。还有我想回应一下上外的王磊老师，我在辩论课的最开始都跟我的学生讲，辩论课的目的不是把大家都培养成优秀的辩手，更重要的是要通过这门课促进大家就一个问题的不同侧面进行思考，同时提高思维能力和语言表达能力，所以辩论只是一种形式。你可能最终不能到大赛上去比赛，但是在这个过程中，你的思维能力和表述思维的能力会得到提高，这是我们的教学目的。

李朝渊：

我叫李朝渊，来自西安外国语大学。我想请教一下各位专家，现在，随着各种辩论赛活动的广泛深入，学校也成立了辩论队、辩论社团，同时又开设了辩论课，进入了课程计划。我想问一下各位，这两种模式，哪一种更好、更为有效？如果这些学校都在开设辩论课的话，那么对辩论队里的学生来说是不是一种重复呢？谢谢。

魏腊梅：

我们系里教演讲课的老师反映，参加演讲的选手既参加演讲小组活动，又参加演讲课的选修。在上演讲课时，他个人会觉得没有动力，他在这门课上的表现不如他平时好，甚至不如其他选修的普通同学。就像我和大家交流中所说的那样，中等或中等以上学生不一定成为演讲或辩论选手参加大赛，但是他却提高最快，他的思辨能力、分析能力、研究能力都有所提升，所以说这是可行的。我们学校最早没有开设演讲、辩论课，是近几年才增加的，我们觉得这两门课需要普及。通过对一些演讲、辩论选手的培训，我们发现他们的研究能力、分析、综合能力与口语表达能力提高很大，这种训练是非常有效的。我们意识到，所有的学生都普遍需要这种能力。这种思辨能力的培训使学生获益很多，受众更广。而且我们也积累了丰富的经验，建立了成熟的团队。所以我们就采取平行进行的方式，演讲、辩论课与演讲、辩论队平行开展，效果很好。

金利民：

我们北外也是平行进行。我这个学期教了两个班的辩论课，每个班都有两名同学是辩论队的选手。我没有问这四位同学在这门课上是不是收获很大，但我认为，多了一次训练的机会，总比没有好。再有，我发现这四位同学在班里就像领跑者一样，他们的表现是标杆，对其他同学是一种促进。此外，他们当评委的时候，点评往往非常出色。最明显的是我其中一个班的两个辩手特别棒，这两个学生课间的时候还帮助大家分析辩题，在她们的带动下，这个班的整体水平也在提高。所以，我觉得从教育的角度来说，假如我们看重学生之间的相互学习，这样的学生反而对教育有一种促进作用。当然，他们可能从自私的角度上觉得自己收获不大。但是，如果他们明白一个道理，最好的学习方法是教别人，这一点我们所有的老师都有感受，学得最好的时候，是教一门新课。

赵玉华：

我是北京信息科技大学老师。我刚才听了第一个问题说评价问题，我对这个问题也有一句话要说，不知道正确不正确，与大家分享一下。我觉得评价标准跟评价方法不太一样，标准可能还包括理念上的，方法是具体操作上的。然后，评价标准可能更应该强调思维的包容性，就是你对别人的观点即使不赞成，但是我也乐意倾听。法律上有一句话，"我不赞成你的观点，但是我捍卫你说话的权利"。我觉得可以改成，"我不同意你的论点，但是我乐意倾听你的观点。"这样，学生的思维是开放的。这样，他乐意接受不同于自己的一些观点，所以大家如果都允许跟自己不同的人或不同的思维方式存在，那么我觉得，批判性思维，全面性思维可能就有建立的可能。另外，即使每个人观点不一样，但是，你的思维是不是连贯的，思维中有没有出现断点，行文成不成立，并不是说你这个观点正确不正确，而是看你论述过程是否完整、是否存在辩证思维的断点。所以我觉得应该强调的是思维的缜密性、逻辑性、连续性。谢谢。

林岩：

我是北京外国语大学英语学院的老师，我这个学期也在教辩论。首先，我非常赞同在英语教学过程中应该有意识地培养学生的思维能力。我非常感谢吴老师的发言，因为语言和思想也是我在教学过程中思考的一个问题。有的学生在辩论的时候说不好，其实是受制于他的语言水平的。我们以前特别注重语言的训练，包括准确性、流利度等等，现在我们更注重思维。我的问题是，学生的语言问题是不是在教学中就可以不管了呢？

金利民：

我想这个是所有学校都在面对的一个问题。以前吴一安老师曾经用到一个词，说外语技能训练可以是"补救式的"（remedial）。从学生的问卷反馈看，他们对自己在辩论课上语言能力提高的认同度要低于思辨能力、材料组织能力和研究能力。Gary 曾经设计过一个课堂活动，他在练习课堂即席发言（extemporaneous speech）时，把 24 个学生分成 4 组，分别在教室的四个角落。每组的一位同学发言时首先要面对自己组里的其他 5 个同学，第一遍讲完后同组同学会给他一些反馈意见，然后这位同学转移到下一组，面对另外 5 位同学再说第二遍，那么这一遍对内容的关注度可能会相对减少，可以更多关注语言，这也是一种对语言打磨的方式。我自己觉得这是很有意思的方式，大家可以尝试一下。

但是语言质量确实是个问题，这个问题很大，大家带着这个问题一起去吃午餐。我们在教工餐厅准备了午餐，大家辛苦一个上午，我们边吃边谈。谢谢大家！

孙有中（研讨会总结发言）

我们今天一整天这么多的发言，我看了一下题目，大概分两类。一类是辩论课的操作案例，探讨在课堂上如何运用 critical thinking 的 principles，如何把它们纳入口语的教学。大家提供了很多成功的案例。特别是宋毅老师讲她的"人际交流"这门课，她看上去是一个理论课程，而大量的却是在做实践训练。她把学生理论思辨能力的提高和学生口语能力的提高比较完美地融合在一起。这一案例很有启发意义，让我们看到口语这门课是可以理论化的。给学生看一个家庭矛盾的场景，然后让学生把它上升到跨文化交流的 conflict management 理论上去。学生通过这样的课程，慢慢学会从理论高度探讨问题。在这个过程中，安排大量的口语活动，让学生进行讨论，进行辩论，进行写作。这是一种非常有效的、把理论化的思辨能力训练和口语的实践结合起来的很典型的案例。辩论课也是这样。今天很多的发言其实都是把 argumentation 里面的思辨策略和逻辑知识运用到口语教学中去，一方面可以直接帮助学生来处理他在演讲、辩论中的一些困境；另一方面培养学生对于具体问题进行抽象概括的能力和理论化的能力。这种训练本身是从多个角度来培养学生思维能力的。同时，口语能力又得到了提高。

另外一类发言是对我们教学改革效果的分析。有些是利用应用语言学的量化手段来检测我们的辩论课效果如何。比如，金利民老师他们所做的研究。这样一种研究使我们能够更加全面、理性地来评价我们的教学实践。而这也是教学改革之中非常重要的一环。没有这样一环，我们可以叫得很热闹，每天都可以有新花样，每节课都来点新的实践，但是效果如何，我们是不能自圆其说的。必须通过事实来验证，今天我们看到了很多这方面的努力，这是我今天印象特别深刻的一个方面。

还有一个问题，我们今天从不同的角度都涉及了教师的培养。这其中最重要的一个贡献就是吴一安老师给我们作了一个非常精彩的发言。我们整个关于思辨能力培养这个理念的实现，取决于我们能否造就这样一支师资队伍，他们理解这个理念，并且掌握了思辨能力培养的技巧和方法，而且在心灵深处认同这一改革方向。这一转变不容易。有时候，一些大而化之的原则我们听起来觉得很容易接受，但是化为日常的教学实践还有一定的困难。

比如，我们如何认识师生关系的问题。如果以思辨能力培养为原则进行课程设计。那么，教师与学生的关系应该是怎样的呢？这本身不仅仅是要在理论上认识的问题，而且是在行为上面，在本能直觉上面，在我们的情感层面上，我们作为一名教师都应该内化的。如果不能内化的话，这些空洞的原则没有意义。在辩论课上，想想我们老师怎么理解我们的角色。我们可以理解为，我们掌握了真理，掌握了一些问题的答案。如果我们是这样定位我们自己的，那么教师备课就不一样。教师肯定会花大量的时间寻找大量的材料，收集大量的信息和证据。然后，当学生在课上一遇到困境的时候，我们马上扔给他一个漂亮的证据，他肯定很高兴，"哇，我们老师真厉害。"是这么理解我们的角色吗？还是说我们的辩论课是一个互动的合作的探究（interactive，cooperative inquiry），这又是另一种理解了。我不需要假定这样一种境界，就是教师知道一切问题的答案，我有责任提供给学生所有的证据，所有应该思考到的角度和方面。不这样理解，可以不可以？课堂上被学生问倒了，学生找不到答案的时候我也没辙，然后下课了，我也不觉得内疚，这又是另一种理解了。如果我们理解辩论课是一种合作探究，那我们就不会因为自己的无知而感到愧疚了。为什么呢？合作探究，我们是一同进入一个新的领域。我当然可以知道的多一点，当然可以更有经验。但是，我不掌握一切信息，不掌握所有答案。这个过程是一个开放的过程，是一个新的 frontier，对于教师和学生都是一个 process，一次 exploration。这么理解以后，辩论课是一个共同发现的过程，在这个过程之中最重要的是培养学生调查和发现证据的能力，鉴别证据的能力，运用证据进行辩护和反驳的能力。这就大不一样了。

所以，很抽象的原则，怎样内化为教师行动的本能和习惯，这可不容易。所以，我一直把教师发展问题看成是我们教学改革成败的一个关键。

最后一个问题，上午有老师提到，我们弄这个思辨能力培养呀，口语、写作、阅读，这些都是教学方法讨论、教学改革。这些东西跟科研有什么关系呢？

跟发表论文有什么关系呢？跟评职称有什么关系呢？如果对大家个人的升迁、个人的发展没有意义的话，没有人会跟着你走，没有人会投入精力和时间。这个问题非常现实，就是说：对教学本身的研究是不是有意义的学术研究？这个问题一直是英语专业里面很大的一个问题，到目前为止并没有彻底地解决。但是，越来越多的人意识到，现在英语专业对于教学本身的研究被边缘化了，这是很不正常的一种现象。

我们知道，任何理论都是基于实践的。我们花大量的时间跟踪国外的语言学家基于他们的实践弄出的一些理论概念，把它介绍给中国人，认为这就是学术研究了。与其这样，还不如去研究每天大量的在我们身边展开的教学实践。我们为什么不能贡献我们中国本土的理论概念呢？包括我们今天大量的会议发言，注意一下，我们使用的概念基本上都是西方人提出的。对吧，我们为什么不可以贡献一些自己原创的二语习得的理论呢？这就需要我们立足于教学实践。所以，从学术研究本身的意义来讲，基于我们本身教学实践的研究也是应该提倡的。这样的研究只要基于科学的方法和严谨的学术规范，就能够产出有质量的学术成果，而且可以反过来为教学改革提供支撑。

我也希望能够借思辨能力培养这一教学改革话题，促使我们国内的核心期刊关注其实也是他们自己身家性命的问题。想一想，如果英语专业消失了，那你们还办什么外语核心期刊啊？所以，我们提倡对活生生的教学实践本身进行研究，一方面，我们发表了越来越多的论文，这是我们大家都很高兴看到的；另一方面，我们的教学改革也因此一步步推进，渐入佳境。我们不仅应该而且可能把教学和研究结合起来，使我们个人的学术研究和我们所处院系的教学改革实践实现共赢。

天下没有不散的筵席，尽管我希望这个会一直开下去，但是时间已经很晚了，大家也已经非常疲倦了。再次感谢各位到这里来和我们分享智慧，让我们享受了一整天的思想碰撞的乐趣！最后我提议我们所有北外的同事对从校外专程赶来的朋友们表示由衷的感谢！

附 录

1. 世界大学生辩论赛半决赛、总决赛辩题 (2000-2011年)
(World Universities Debating Championship Motions)

Gaborone 2011

Semi-Final: This House supports a one state solution for the Israeli-Palestinian conflict.

Final: This House would (THW) give more votes to the poor.

Koc 2010

Semi-Final: This House believes that (THBT) the US government should subsidize twitter to liberalize oppressed societies.

Final: THBT democratic states should own their own broadcasting corporations.

Cork 2009

Semi-Final: THBT governments should subsidize private home ownership.

Final: THW allow abortion at all stages of pregnancy.

Thailand 2008

Semi-Final: THW require doctors to report all cases of suspected domestic violence.

Final: THBT people who give HIV to others must pay drug support.

Vancouver 2007

Semi-Final: THW ban websites that glorify eating disorders.

Final: THBT economic growth is the solution to climate change.

Dublin 2006

Semi-Final: THW prohibit speeches that incite hatred.

Final: THW abolish all laws prohibiting cruelty to animals.

Malaysia 2005

Semi-Final: THW use gambling to rejuvenate depressed economic zones.

Final: This House supports corporal punishment in schools.

Singapore 2004

Semi-Final: THBT war journalists should be forced to reveal their sources in international criminal tribunals.

Final: THW ban the abortion of fetuses on the grounds of their permanent disability.

Stellenbosch 2003

Semi-Final: THBT globalization is imperialism repackaged.

Final: THBT the world has learned nothing from 9/11.

Toronto 2002

Semi-Final: THBT civil liberties must be restricted in the interests of security.

Final: THW ban prisoners publishing accounts of their crimes.

Glasgow 2001

Semi-Final: THW make reparations for slavery.

Final: THW elect its judges.

Sydney 2000

Semi Final: THBT the IMF is the British Empire of today.

Final: THBT Marx would have approved of the internet.

2. "外研社杯"大学生英语辩论赛半决赛、决赛辩题
（第一届至第十五届）

2011 第十五届

半决赛 1：China should establish an inheritance tax on the rich intended to prevent the transference of wealth between generations.

半决赛 2：Chinese local governments should abolish housing purchase restrictions that require local *Hukou* for buyers.

总决赛：China should criminalize academic dishonesty.

2010 第十四届

半决赛 1：All the money currently spent on Confucius Institutions abroad should be spent instead on alleviating poverty.

半决赛 2：Major international cultural events should be awarded exclusively to less developed cities.

总决赛：The International Olympic Committee should remove any age requirements for children to compete in the Olympics.

2009 第十三届

半决赛 1：

a. The Shanghai Cooperation Organization should admit Iran as a full member.

b. The United Nations should take control of Jerusalem.

c. NATO should fully withdraw from Afghanistan before 2012.

半决赛 2：

a. The USA should stop promoting democracy as part of their foreign policy.

b. Pre-emptive strikes on Somalia to curb piracy are justified.

c. This House supports Spain's criminal prosecution of members of the Bush administration.

总决赛：The PRC should ban the production, sale and consumption of all tobacco products.

2008 第十二届

半决赛：

a. China should reguire a percentage of its citizens' incomes to be given to charity.

b. Fossil fuel power engine should be banned by 2020.

总决赛：University entrance slots should be allocated to provinces proportionally based on population.

2007 第十一届

半决赛：

THBT China should protect its local film industry.

THBT advertising during children's TV programming should be prohibited.

THBT all TV stations should be required to dedicate a portion of their broadcast to public service programming.

总决赛：

THBT China should establish English as an official language.

2006 第十届

半决赛：

This House supports luxurious consumption.

This House would abolish Women's Day.

总决赛：THBT advertisement is a curse rather than a blessing.

2005 第九届

半决赛：

Charity should begin at home.

Overseas returnees should have preferential access to employment.

总决赛：Honesty is the best policy.

2004 第八届

半决赛：

College students should be allowed to cohabit.

Modernization makes society more vulnerable.

总决赛：Nationalism is a positive sentiment.

2003 第七届

半决赛：Urbanization helps improve the quality of living.

总决赛：Hardship experience is necessary for young students to mature.

2002 第六届

半决赛：

Private educational institutions should be encouraged in China.

The benefits of commercialization of sport outweigh the negative effects.

Tradition inevitably gives way to modernization.

总决赛：The PRC should ban the production, sale and consumption of all tobacco products.

2001 第五届

半决赛：Information technology dominates rather than facilitates people's lives.
The cloning of human beings should be banned by law.

总决赛：The opportunity cost of attending graduate school is too high for college students.

2000 第四届

半决赛：It's more important to support the strong/weak.

总决赛：Environmental protection is more important than economic development in China.

1999 第三届

半决赛：The *Hukou* policy is still relevant in China.

总决赛：The cigarette industry brings more advantages than disadvantages to China.

1998 第二届

半决赛：Part-time jobs do more good than harm to the university students.

总决赛：The younger generation knows better than their parents.

1997 第一届

半决赛：Advertising plays a negative role in our society.

总决赛：Examinations do more harm than good.

3. "21世纪杯"全国大学生英语演讲比赛赛题
(2000-2011)

2011 第十六届

半决赛：Pressure Vs Passion: To Strive, or to Dream?

总决赛：Youth and Faith: Does Belief Make a Difference to Our Life?

国际比赛总决赛：Words Are Not Enough

2010 第十五届

半决赛：China's Increasing Role and Responsibilities in Global Development: Challenges and Opportunities for Our Younger Generation

总决赛：The Power of Sports in Personal Development: Lessons about Life that We Get from Sports

2009　第十四届

半决赛：From College to Career: Coping with Job-hunting Pressure in the Economic Slowdown

总决赛：Our Changing Way of Living with the Times: Initiative vs. Convenience

国际比赛总决赛：Regeneration and Revival

2008　第十三届

半决赛：Confronting Campus Issues: From Independence to Job Hunting Blues

总决赛：Living with Globalization: Learn to Compete in the Global Era

国际比赛总决赛：New Horizon, New Frontier

2007　第十二届

半决赛：The Values of Life and the Temptations of Society

总决赛：Giving is Receiving — Personal Growth in Volunteer Work

2006　第十一届

总决赛：Our future: Dreams vs. Reality

2005　第十届

总决赛：Traditional Chinese Values in the Era of Globalization

2004　第九届

总决赛：College Education in Today's Competitive World: Challenges and Opportunities for Students

2003　第八届

总决赛：Tourism and Ecology: Learning through Travel

2002 第七届

总决赛：Globalization: Challenges and Opportunities for China's Younger Generation

2001 第六届

总决赛：Beijing 2008: the Meaning of the Bid

2000 第五届

总决赛：My Definition of Success